糖业循环经济应用技术

主 编　雷光鸿　谭冠晖　宁方尧
副主编　谢彩峰　莫晓冰　任民红
　　　　蒙丽丹　韦丽娜
主 审　黄　凯

北京理工大学出版社
BEIJING INSTITUTE OF TECHNOLOGY PRESS

内容提要

本书介绍了以蔗糖产业主、副产品作为原料生产糖蜜酒精、酵母及其抽提物、焦糖色素、朗姆酒、甘蔗醋、糖蜜饲料、纸浆、人造板、糠醛、木糖、阿拉伯糖、蔗渣饲料、低聚果糖、右旋糖酐、异麦芽酮糖醇、蔗糖酯、山梨醇、甘露醇、冰糖、三氯蔗糖、阿洛酮糖、果糖等循环利用产品的生产概况、生产工艺及应用情况。

本书可作为食品、发酵、造纸、化工及其他专业的教学参考书，也可供工厂工人和技术人员参考。

版权专有　侵权必究

图书在版编目（CIP）数据

糖业循环经济应用技术 / 雷光鸿，谭冠晖，宁方尧主编 . -- 北京：北京理工大学出版社，2024.5

ISBN 978-7-5763-3191-2

Ⅰ.①糖… Ⅱ.①雷… ②谭… ③宁… Ⅲ.①制糖工业－循环经济－研究－中国 Ⅳ.① F426.82

中国国家版本馆 CIP 数据核字（2023）第 236818 号

责任编辑：阎少华	文案编辑：阎少华
责任校对：周瑞红	责任印制：王美丽

出版发行	/ 北京理工大学出版社有限责任公司
社　　址	/ 北京市丰台区四合庄路 6 号
邮　　编	/ 100070
电　　话	/ （010）68914026（教材售后服务热线）
	（010）68944437（课件资源服务热线）
网　　址	/ http://www.bitpress.com.cn
版印次	/ 2024 年 5 月第 1 版第 1 次印刷
印　　刷	/ 河北鑫彩博图印刷有限公司
开　　本	/ 787 mm×1092 mm　1/16
印　　张	/ 7.5
字　　数	/ 174 千字
定　　价	/ 69.00 元

图书出现印装质量问题，请拨打售后服务热线，负责调换

前 言
PREFACE

糖业循环经济应用技术

  糖业循环经济是指以甘蔗为原料，制糖为基础产业，综合循环利用制糖各种副产品和废料、废气、废液，延长蔗糖产业链、丰富产品结构、提高产品附加值和蔗糖资源循环利用率，能够达到节约蔗糖资源、改善蔗糖生态环境、持续发展蔗糖经济的循环经济。其具有资源综合利用率高、环境生态效应好、经济效益高的特点。本书讲述蔗糖产业主、副产品的资源化、高值化利用，重点以糖蜜为原料生产糖蜜酒精、酵母、焦糖色素及其抽提物、朗姆酒、甘蔗醋、糖蜜饲料；以蔗渣为原料生产纸浆、人造板、糠醛、木糖、阿拉伯糖和蔗渣饲料；以蔗糖为原料生产低聚果糖、右旋糖酐、异麦芽酮糖醇、蔗糖酯、山梨醇、甘露醇、冰糖、三氯蔗糖、阿洛酮糖、果糖等蔗糖深加工产品的生产概况、生产工艺及应用情况。

  本书在编写过程中，得到了广西工业职业技术学院学校领导、教务处、轻工化工学院老师的大力支持，他们提出了许多宝贵修改意见，在此表示由衷的敬意和衷心的感谢。

  本书在编写过程中参阅了大量的参考文献、图表资料，恕未能在书中一一注明，在此对原作者表示感谢。最后，由于编写时间过于仓促，资料有限，编者水平也有限，书中难免会存在不足之处，敬请读者批评指正。

编 者

糖业循环经济应用技术

第一章　糖业循环经济概述 1
　　第一节　糖业循环经济特征 1
　　第二节　糖业循环经济途径简述 2
　　第三节　广西糖业循环经济建设概况 5

第二章　甘蔗糖蜜的利用 9
　　第一节　糖蜜酒精 9
　　第二节　酵母及其抽提物 17
　　第三节　焦糖色素 23
　　第四节　朗姆酒 27
　　第五节　甘蔗醋 30
　　第六节　糖蜜饲料 33

第三章　蔗渣的利用 34
　　第一节　纸浆 34
　　第二节　人造板 43
　　第三节　糠醛 48
　　第四节　木糖、木糖醇、阿拉伯糖 53

第五节　蔗渣饲料 ·· 59

第四章　滤泥的利用 ·· 65

第五章　糖品深加工 ·· 74
　　第一节　低聚果糖 ·· 74
　　第二节　右旋糖酐 ·· 78
　　第三节　异麦芽酮糖醇 ··· 81
　　第四节　蔗糖酯 ·· 84
　　第五节　山梨醇 ·· 87
　　第六节　甘露醇 ·· 91
　　第七节　冰糖 ·· 94
　　第八节　三氯蔗糖 ·· 96
　　第九节　阿洛酮糖 ·· 99
　　第十节　果糖 ·· 101

参 考 文 献 ··· 105

第一章
糖业循环经济概述

● 学习目标

通过本章学习，掌握糖业循环经济的主要特征，了解糖业循环经济途径，对糖业三大副产物蔗渣、滤泥、糖蜜的资源化高值利用产品具有初步认识。通过学习循环经济、低碳经济，将生态文明建设与循环经济、低碳经济结合起来，树立生态文明发展观念，增强环保意识和可持续发展意识。

循环经济应用绪论

第一节　糖业循环经济特征

循环经济就是以资源节约和循环利用为特征，采用与环境和谐的经济发展模式，强调把经济活动组织成一个"资源—产品—再生资源"的反馈式流程。其特征是低开采、高利用、低排放。所有的物质和能源能在不断进行的经济循环中得到合理和持久的利用，把经济活动对自然环境的影响尽可能降低。经济发展必须最大限度地减少或停止对碳基燃料的依赖，实现低碳经济，实现能源利用转型和经济转型，实现产业循环式可持续性发展。

糖业循环经济可定义为以甘蔗为原料，以制糖为基础产业，综合循环利用制糖各种副产品和废料、废气、废液，延长蔗糖产业链、丰富产品结构、提高产品附加值和蔗糖资源循环利用率，能够达到节约蔗糖资源、改善蔗糖生态环境、持续发展蔗糖经济的循环经济。

糖业循环经济主要特征如下。

（1）资源综合利用率高。循环经济发展模式大大提高了蔗糖资源综合利用率，因此既可大幅度减少蔗糖生产过程中的物质消耗和污染物排放量，又可提高经济效益，从而实现高利用率、高收益、低消耗、低排放的"双高双低"目标。

（2）环境生态效应好。蔗糖业循环经济发展模式，即"甘蔗原料—产品废弃物—再生资源利用",改变了蔗糖业传统单一的"甘蔗原料—产品—废弃物"发展模式,其本质是一种环境生态效应。采取循环经济发展方式,使在蔗糖生产加工过程中所产生的废弃物变成了再生资源,从而避免了将废弃物直接排放到生态环境中而造成严重的环境污染。

(3)经济效益高。相对于产品结构单一、产业链短的蔗糖业传统生产方式,循环经济运行模式构建的是蔗糖产业链长、产品结构丰富、加工附加值高、物质循环利用率高的闭合性产业化体系,因此大大提高产业的经济效益。

第二节 糖业循环经济途径简述

甘蔗制糖工序分为提汁、清净、蒸发、结晶、分蜜和干燥,甘蔗制糖方法是以清净过程中使用的主要清净剂来命名,主要有亚硫酸法、石灰法和碳酸法。制糖企业在生产白砂糖时,会产生大量的糖厂副产物和废弃物。生产过程中主要的副产物有蔗渣、糖蜜和滤泥3种。

一、蔗渣

甘蔗渣是蔗糖业的最主要的副产物,通常每吨甘蔗可产生约230 kg的蔗渣,蔗渣富含纤维素(32%~45%)、半纤维素(20%~32%)、木质素(17%~32%)、灰分(1.0%~9.0%)和一些提取物。多年来,大量蔗渣的产生一直是蔗糖业在全球范围内对工业和环境的巨大挑战。

(1)饲料。甘蔗副产物作为非粮饲料资源进行开发,既可缓解人畜争粮的矛盾,又能节约饲料成本,避免甘蔗副产物乱丢乱弃造成的环境压力,符合国家生态文明建设目标。蔗渣的营养成分中,纤维含量最多,蛋白、淀粉和可溶性糖的含量较少,但是也能满足反刍动物的要求。蔗渣干物质含量为90%~92%,其中粗蛋白约1.5%,粗纤维44%~46%,粗脂肪约0.7%,而且蔗渣的农药残留量比其他秸秆作物的都要低。反刍动物能够更好地吸收消化粗纤维,所以蔗渣在反刍动物饲料生产上应用更多。但是对于蔗渣质地过硬、适口性差等问题,还有待进一步研发出高效节能的蔗渣预处理设备。

(2)造纸、人造板。蔗渣是一种良好的造纸原料,可用于生产多种纸张。不仅能用来生产包装纸、箱板纸、还能生产有光纸、单面胶板纸、书写纸,以及其他较高档的品种。蔗渣造纸的方法主要有乙醇法、醋酸法、高沸醇法等。目前采用甘蔗渣生产人造板是蔗渣最有效的利用方式。蔗渣具有良好的延展性,且符合高密度板材要求的特性。我国是少林缺树的国家,是木材进口国,因此使用蔗渣来代替木材生产人造板是一个非常好的选择。我国利用蔗渣生产人造板始于20世纪80年代。人造板可分为两种,即纤维板和碎粒板。用蔗渣制纤维板在我国已有较长的历史,而以蔗渣为原料制造碎粒板是近些年才发展起来的。蔗渣人造板按其密度可分为3类:低密度板密度为300~450 kg/m³;中密度板密度为450~880 kg/m³;高密度板密度≥880 kg/m³。中密度纤维板(简称MDF)是当今世人造板发展的趋势，由于它的性能类似木材，可用蔗渣来加工成家具、包装箱、建筑、车厢等，受到了许多企业的青睐，并且为木质纤维质的高值化利用开辟了新方向。

（3）锅炉燃料和发电。蔗渣最古老、最简单的利用方法，就是用作锅炉燃料。蔗渣的低位热值约 8 000 kJ/kg（1 900 kcal/kg），热值较低；但蔗渣作为燃料不含硫、腐蚀性低、灰分低，是一种清洁、环保、可再生的生物质燃料。蔗渣作为锅炉燃料虽然解决了糖厂的燃料问题，但是利用比较单一，而且产生的价值低，易造成资源的浪费。

（4）食用菌基料。将蔗渣用作食用菌栽培基料已备受关注，目前已将蔗渣成功应用于花卉、木耳、蘑菇、蔬菜工厂化育苗等栽培中。

（5）木糖、木糖醇、L-阿拉伯糖、低聚木糖等功能糖醇。蔗渣中含有约25%的半纤维素，通过酸水解或者生物酶降解法可以生产木糖和阿拉伯糖，通过加氢生产糖醇。

（6）糠醛。糠醛主要衍生于木质纤维生物质中的木聚糖类半纤维素，由纤维素中的木糖或阿拉伯糖通过缩水形成。蔗渣中的半纤维素可以生产糠醛，是重要的化工中间体原料，主要用于下游产品糠醇树脂、糠醛树脂、顺丁烯二酸酐等化工产品的生产原料，同时广泛地应用于医药、石油炼制等新领域。

（7）其他综合利用途径。蔗渣中含有大量的纤维素，研究学者用蔗渣制备纤维素、半纤维素，并将其应用于生物医学和载体材料等方面。蔗渣可用于发电、合成气，并在重金属的生物修复中用作生物吸附剂。如用蔗渣制备活性炭，用来吸附废水中的金属离子，对含有一些有机物（如酚类、酮类、烷烃类、苯环类、脂类）的废液处理效果显著，是一种良好的吸附材料。以蔗渣合成的碳量子点能够发光且无毒，可作为生物传感器和发光二极管。蔗渣可用作培养各种微生物的营养培养基，用以生产工业上重要的代谢产物，包括酶、还原糖、益生元、有机酸和生物燃料。用蔗渣为原料生产木聚糖、木糖、木糖醇、L—阿拉伯糖、微晶纤维素和活性炭等也是目前综合利用的发展方向。

二、糖蜜

糖蜜是一种黏稠、黑褐色的半流体，是制糖工业中的一种副产物，一般占榨量的2%～4%，含有蔗糖约30%，具有干物质浓度极大、糖分含量高等特点，可直接再加工成食品，但颜色本身较深，容易发生焦糖化反应。

（1）生产乙醇。早期多数的大型糖厂都以制糖中产生的废糖蜜为原料生产乙醇，我国中型以上的糖厂有90%设有乙醇车间，其生产工艺也较为成熟，糖蜜发酵生产乙醇是糖蜜的主要利用方式，不仅能降低原料成本，还能满足生产的需求，但是对废醪液的有效治理是各糖厂待解决的问题。也可用糖蜜发酵乙醇生产酒精类饮品，朗姆酒就是甘蔗糖蜜最早的利用形式。

（2）生物发酵。甘蔗糖蜜含有大量可发酵糖（主要是蔗糖）、微量元素和无机盐，为微生物发酵提供了重要且低价的底物，用不同功能的菌株可以生产药用酵母、食用酵母和饲料酵母等产品，被用作生产高价值生物分子的低成本原料，例如柠檬酸、琥珀酸、海藻糖、生物表面活性剂等，但是糖蜜的组成（包括大量的灰分和各种金属离子）极其复杂，并且可能受到制糖工艺、甘蔗品种和地理因素的很大影响。因此，预处理是利用糖蜜的关键步骤。

（3）饲料。糖蜜的适口性好，易被动物消化吸收，且具有高矿物质、高能量和饲料颗粒质量好等优点，是一种优异的饲料原料。一些实验表明，在猪饲料中加入糖蜜以代替同等数量的能量饲料，猪的摄食量增加9%～12%，提高饲用品质。糖蜜的干物质含量约为65%，是一般青贮饲料的至少3倍。向青贮饲料中添加糖蜜能增加其干物质含量，并促使其自然发酵。糖蜜的美味掩盖其他味道差的成分，从而保证了重要元素的摄入，糖蜜对颗粒饲料质量的改善是很明显的。有研究表明，在奶牛饲料中增加糖蜜用量可以增加奶产量及乳蛋白含量，使牛奶的质量得到优化。

（4）其他综合利用途径。蔗糖含有多羟基结构，使其具有良好的吸水性和保水性。在混凝土制作中，可将糖蜜作为添加助剂加入其中。研究表明，糖蜜在实际应用中可作为水泥研磨助剂。有研究将糖蜜作为新添加剂用于蔗渣和高岭土填充的蔗渣纸浆，它使用两个最重要的糖业副产品（糖蜜和蔗渣）。生产的纸张复合材料相对于无糖蜜纸有更高的强度（断裂长度），且显著提高了吸水率（WRV），糖蜜成功抵制由于加入无机物引起的纸张强度下降。此外，甘蔗糖蜜被认为是氟离子的潜在来源，有助于防止蛀牙。糖蜜还可用于抗氧化剂化合物，可保护DNA免受自由基造成的氧化损伤。

三、滤泥

滤泥是蔗汁被澄清后被排出的残渣，除水分外，滤泥中还含有大量有机物、磷酸盐、钙盐等物质。甘蔗本身所含的有机和无机非糖分在蔗汁清净过程中被大量除去，大部分集中到滤泥里。根据澄清工艺不同，滤泥分为亚硫酸滤泥和碳酸滤泥。

（1）生产肥料和饲料。滤泥中含有丰富的营养物质，以干物质计算，粗蛋白13.43%，粗脂肪8.51%，粗纤维8.21%。滤泥含钙量高，而氮、磷、钾相对含量偏少。此外，还含有果胶、蜡等物质。滤泥含有可溶性糖16%左右，具有较好的适口性，畜禽爱吃，采食速度也快。据分析，干滤泥的粗蛋白含量比稻谷饲料高42%，粗纤维含量比稻谷低18%，还含有畜禽需要的适量的铜、铁、锰、锌、钴、镁等。用磷酸处理滤泥可以降低其碱性，经处理后可制成滤泥复合肥。而将滤泥作为饲料时，在饲料分类上属于能量饲料，在亚硫酸滤泥中加入各种原料、元素、营养物，可制成鸡、鸭、鱼等动物的饲料。

（2）提取蔗蜡。蔗蜡是一种天然蜡，是酯、游离酸、醇和碳氢化合物等的混合物，有多种生物功能，且经济价值较高。可以从滤泥中提取蔗蜡，蔗蜡在化妆品行业和制药行业都有很大的用途。甘蔗收割和加工后，每1 000 kg的甘蔗将产生33 kg的滤泥，其中含有7%的粗蜡，经脱脂的粗蔗蜡一般呈褐色或黑色，熔点65～75 ℃，约含50%蔗蜡、20%树脂和30%脂肪。脱脂后的商品蔗蜡含烷基酯78%～82%，游离酸约为14%，游离醇6%～7%。蔗蜡用途广泛，可以用作涂料、塑化剂、保鲜剂等的生产，以蔗蜡为原料可以分离得到植物甾醇、二十八烷醇、三十烷醇等功能性产品。

（3）活性炭和吸附剂的制备。利用低温转化技术，滤泥也可以生产制备活性炭，可用作多孔性吸附剂，其质量和效用也较高。

（4）叶绿素的提取。滤泥中含有大量的叶绿素，叶绿素是一种天然食用色素，叶绿素的衍生物叶绿素铜钠盐，广泛应用于食品行业。不仅如此，叶绿素还有一定的医疗用途

（作为医药产品上的着色剂），有很好的消炎和促进愈合能力，将滤泥中的叶绿素提取出来，会大大提高糖厂的经济效益。

（5）其他综合利用途径。糖厂滤泥是一种低灰分、高挥发分的固体生物质原料。在生物质能源利用方面，可应用于污泥裂解制取生物油、污泥干化焚烧发电和污泥裂解制取生物油，有研究用滤泥吸附品红溶液，且具有良好的吸附效果，为甘蔗滤泥的综合利用提供一条新途径。

第三节　广西糖业循环经济建设概况

自20世纪70年代以来，各个制糖企业根据企业的实际情况，在糖业循环经济方面做了许多有益的实践工作，其中以广西贵糖（集团）股份有限公司（以下简称"贵糖"）和南宁糖业股份有限公司（以下简称"南糖"）比较有代表性。

1. 广西贵糖（集团）股份有限公司的循环经济实践

自20世纪70年代以来，经多年实践，贵糖已形成甘蔗—制糖—糖蜜—酒精—酒精废液—制复合肥和甘蔗—制糖—蔗渣—制浆造纸—废液碱回收—再利用两条主要循环产物链（图1-1），基本实现制糖生产的副产品或"废弃物"经处理后的全部循环利用，综合利用产品产物链的产值已超过蔗糖主业，形成了较为完善的企业内部的循环经济环，为循环经济在工业上更高层次的实践——生态工业园的建设打下了良好基础。2008年，贵糖已初步建成了制糖、造纸、酒精、水泥、轻质碳酸钙、有机复合肥的工业共生体系。主要产品能力达到年产白砂糖13万吨，可加工原糖3万吨，机制纸15万吨，甘蔗渣制浆13万吨，酒精1万吨，轻质碳酸钙3万吨，回收造纸废液烧碱2.6万吨，综合利用产值已超过总产值的65%，环境和经济效益显著，由于实行了综合利用，同样榨100万吨甘蔗，一般糖厂仅实现销售收入2.5亿元，而贵糖生产出12万吨碳酸法一级白砂糖、4.3万吨生活用纸、6 000吨酒精、2万吨复合肥，其价值高达6.6亿元。同时，经过环保综合治理之后，贵糖每年减少污物排放量达10万吨之多。2001年8月14日，国家环保总局批准贵港国家生态工业（制糖）示范园区项目立项建设。

2. 南宁糖业股份有限公司的循环经济实践

自20世纪70年代以来，南糖通过资源优化配置整合和产品、产业结构调整，初步形成合理化分工、专业化生产、集中治污，糖、纸、酒精和卫生保健纸品4大支柱产业齐头并进的发展势头。以制糖为核心，形成甘蔗—制糖—废蜜制酒精—废液制复合肥（或浓缩燃烧制复合肥）—回田种蔗和甘蔗—制糖—蔗渣—制浆造纸—黑液碱回收两条主线循环链，以及制浆—吸水材料—卫生制品制浆—纸浆模塑制品、白泥—制水泥、粉煤灰—制水泥砌块；制糖滤泥—制复合肥—回田种蔗；造纸中段废水—锅炉冲灰—除尘脱硫等副线循环链（图1-2）。以上循环链相互利用生产过程产生的废弃物作为原料，初步实现了良性生态循环，有效控制了污染源，降低了末端治理费用，提高了经济效益和社会环境效益，1997—2004年，万元产值废水有机物COD从17.36 kg降至6.60 kg，耗水由383.33 t下降至249.12 t，公司产值翻两番，污染物排放反而降低60%，综合利用产品产值已占总产值50%。

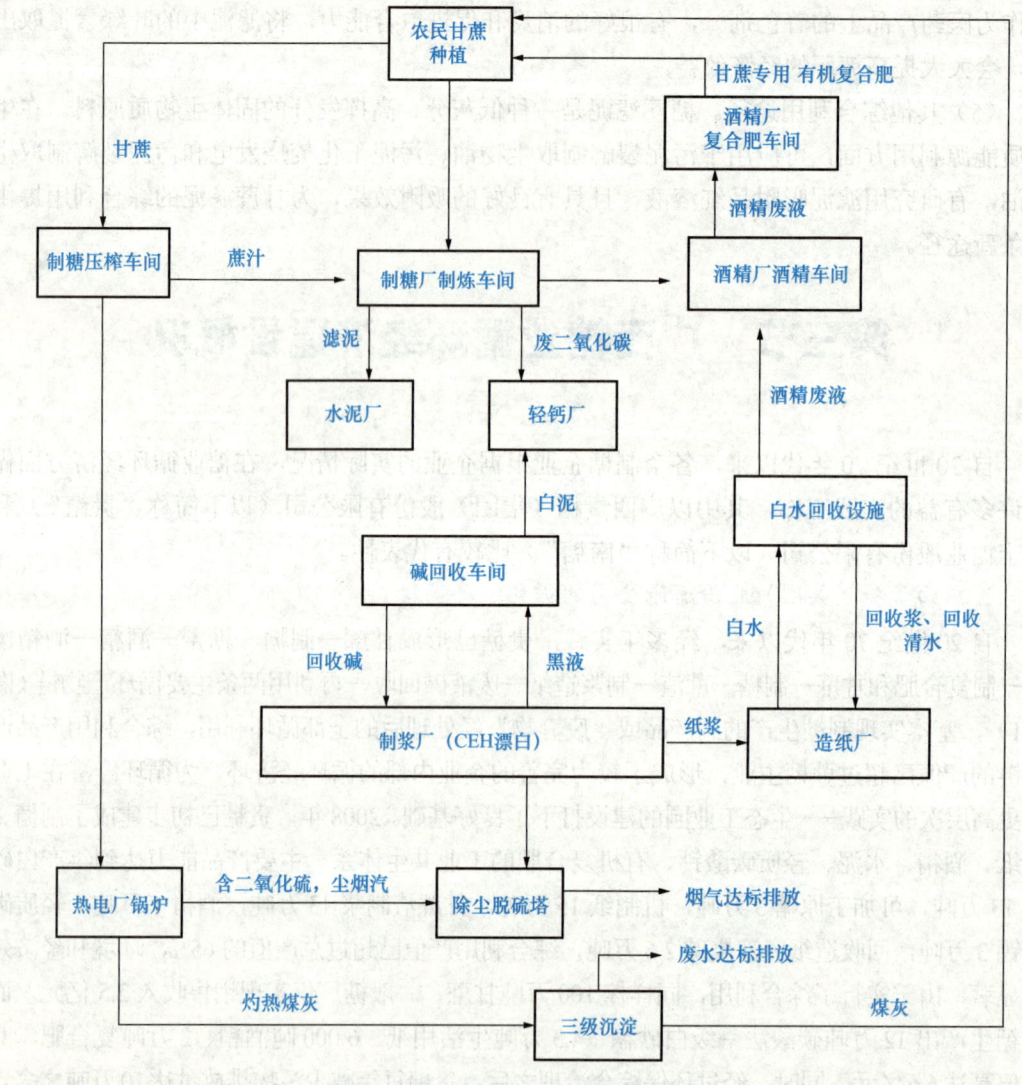

图 1-1 贵糖集团糖业产物链循环示意

各地政府和企业将农业体系和工业体系有机结合起来，充分利用自身的有利条件，探索出适合自己的糖业循环经济发展路子，编制自己的"糖业循环经济"发展规划。2003 年《广西贵港市国家生态工业（制糖）示范园区规划》通过了国家环保部的论证，成为首批国家"生态工业示范园区"，中国糖业从此打开了"循环经济"发展的大门。《广西南宁市糖业"十二五"发展规划》和《广西崇左市蔗糖产业发展规划（2011—2020）》被纳入了《南宁—新加坡经济走廊 南宁—崇左经济带发展规划》。广西来宾市人民政府办公室发布了《关于转发打造全国重要的糖业循环经济基地实施方案的通知》（来政办发〔2010〕66 号）。

崇左东亚糖业有限公司蔗糖循环综合利用工程广泛采用国内外节能、低耗、环保、清洁型设备，提高甘蔗产量和质量，推动制糖工业升级，支撑产业链延长对甘蔗原料的需求，打造产业链延伸型制糖工业循环经济示范工程。中粮集团崇左甘蔗制糖循环经济工程围绕"甘蔗—制糖—滤泥—制有机生物肥—回田种甘蔗"循环经济路线，依托现代生物技术和分离技术，开发糖衍生物系列产品、高端系列糖产品等蔗糖高附加值下游产品。湘桂

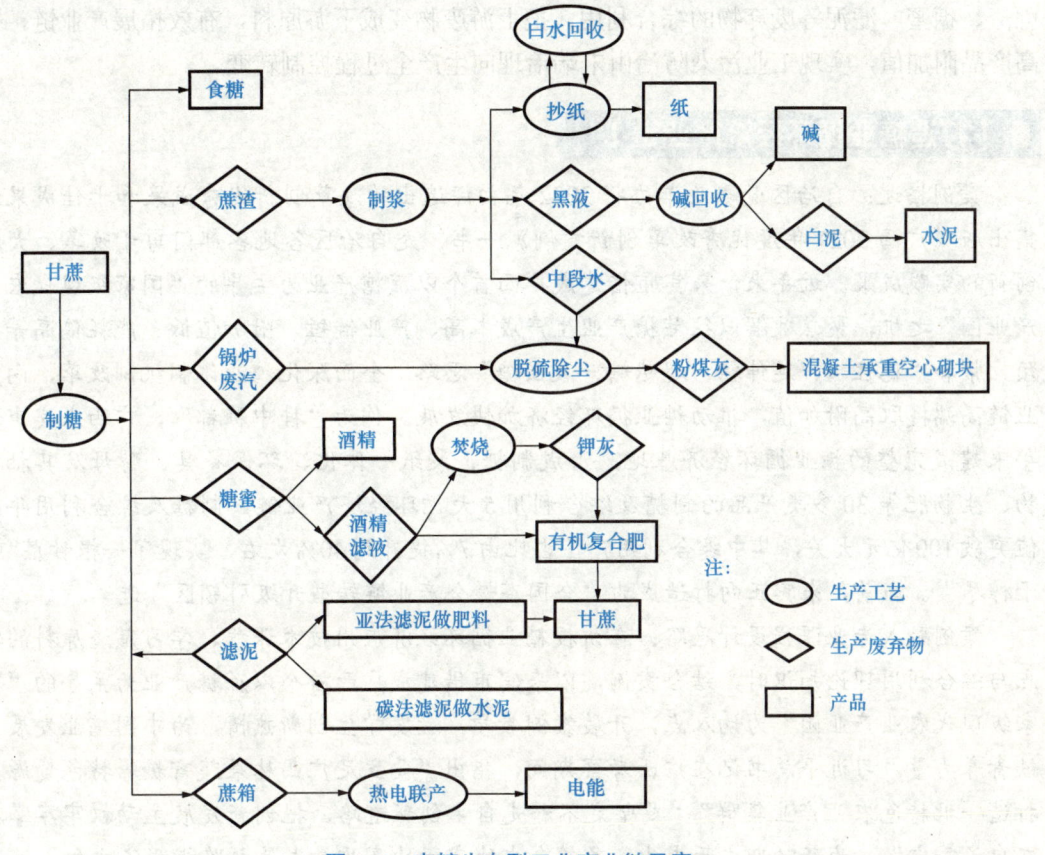

图 1-2 南糖生态型工业产业链示意

糖业集团有限公司蔗糖循环经济产业蔗渣综合利用工程，实现"资源—产品—废弃物"线性生产模式，向"资源—产品—废弃物—再生资源—产品"闭合循环生产模式转变，实现"蔗、糖、浆、纸、生物肥、物流"等可持续循环发展。农垦糖业循环经济工程以甘蔗为原料生产机制糖、食用酒精、纤维板和复合肥等产品，推进对蔗渣酒精废液等的深度开发，实现"蔗、糖、酒、浆、纸、生物化工"一体化发展。粤桂广业循环经济工程综合利用制糖工业废弃物，进行生态产业建设，构建蔗田、制糖、酒精、造纸、热电联产、环境综合处理 6 大系统，以产业优化升级解决制糖产业污染问题。

目前广西蔗渣造纸产量和技术均居世界前列，蔗渣发电量居全国生物质发电前列。大部分糖业集团都有综合利用分厂或车间，综合利用技术和水平快速提高，综合利用产品达 30 余种，蔗渣纸浆、糖蜜酒精、活性干酵母、糠醛、固体蛋白饲料、有机生物肥等生产能力大大提高，打造了广西贵糖（集团）股份有限公司、广西来宾东糖集团公司、崇左湘桂循环经济产业园和来宾湘桂环保科技产业园等一批国家和自治区级循环经济示范企业，糖业循环经济发展居全区工业和全国同行业领先水平。目前广西糖业循环经济已形成了 5 条主要产业链，即"甘蔗—制糖—酒精—生物有机肥—还田种蔗""甘蔗—制糖—酵母及其抽取物—生物肥—还田种蔗""甘蔗—制糖—蔗渣—浆纸—废液碱回收—再利用""甘蔗—制糖—蔗渣—生物质发电—炉灰—生物肥—还田""甘蔗—制糖—滤泥—有机肥—还田种蔗"产业链。各企业引进和采用大型高效节能设备，由初级加工向精深加工转变，

· 7 ·

蔗渣、糖蜜、滤泥等废弃物的综合利用，把上游废物变成下游原料，有效拓展产业链，提高产品附加值，实现工业污染防治由末端治理向生产全过程控制转变。

【打造糖业循环经济产业链】

案例描述：自治区党委改革办将2022年初评选出的改革创新优秀成果和十佳成果结集出版《广西2021年度优秀改革创新案例》一书，是自治区各地各部门勇于改革、大胆创新的实践成果。近年来，来宾市借建成广西首个以蔗糖产业为主导的"国家级现代农业产业园"之机，聚焦破解以往蔗糖产业生产成本高、产业链短、附加值低、能耗偏高等瓶颈，紧扣"稳住糖、延伸糖、超越糖、做强糖"思路，全面深化糖业体制机制改革，向产业链高端攫取高附加值，推动糖业循环经济加快发展。作为"桂中糖都"，广西来宾市近年来建成完整的糖业循环经济基地，形成制糖、浆纸一体化、环保餐具、酵母及其抽提物、生物肥等30多类产品的制糖及综合利用5大循环经济产业链，制糖及综合利用年产值突破100亿元大关，其中综合利用产值占比由7%提升到40%左右，实现了一根甘蔗"吃干榨尽"。当前，来宾正向打造成为"全国蔗糖全产业链转型升级引领区"进军。

案例融入专业课程设计思路：在讲授糖业循环经济应用技术课程、学习蔗渣原料的特点与综合利用理论知识时，结合案例，以来宾市借建成广西首个以蔗糖产业为主导的"国家级现代农业产业园"为切入点，开展案例教学，激发学生创新热情，为中国糖业发展贡献青春力量。习近平总书记在广西考察期间，指出"要立足广西林果蔬畜糖等特色资源，打造一批特色农业产业集群""要坚定不移走自主创新道路，把创新发展主动权牢牢掌握在自己手中"，为新时期广西走出一条符合本地实际的高质量发展之路指明了方向。

【生态文明思想】

推进生态文明建设美丽广西，广西坐拥大江、面朝大海、密布大山，生态环境舒适宜人，自然景观优美秀丽。2017年4月，习近平总书记考察广西时就高度赞扬广西的生态环境，指出"广西生态优势金不换"。2021年4月，习近平总书记再次视察广西时，在漓江上引用古人的诗句"江作青罗带，山如碧玉簪"来赞叹桂林山水甲天下，"全国能有这种美誉的不多。甲天下就是指生态好，天生丽质，绿水青山。"糖业循环经济应用技术课程通过讲解循环经济、低碳经济，将生态文明建设与循环经济、低碳经济结合起来，树立学生生态文明发展观念，增强学生环保意识和可持续发展意识，让学生具备生态文明意识，在今后的工作生活中能主动保护自然，积极改善和优化人与自然的关系，建设健康有序的生态运行机制和良好的生态环境。经济发展必须最大限度地减少或停止对碳基燃料的依赖，实现低碳经济，实现能源利用转型和经济转型，实现产业循环式可持续性发展。

思考题

1. 糖业循环经济的定义是什么？
2. 糖业循环经济有哪些主要特征？
3. 甘蔗制糖生产过程中主要的副产物有哪几种？
4. 蔗渣包括哪些主要成分？其含量为多少？

第二章
甘蔗糖蜜的利用

● 学习目标

通过本章学习，了解糖蜜利用的情况和途径，掌握以糖蜜为原料生产酒精、酵母、焦糖色素、朗姆酒、甘蔗醋、糖蜜饲料的生产概况、生产工艺及应用情况。通过对糖蜜发酵酒精的介绍，重点讲解蒸馏知识，通过对蒸馏单元操作的分析，介绍技术要求，教育学生要树立精益求精的工匠精神来完成高纯度乙醇的生产技术任务。

第一节　糖蜜酒精

一、糖蜜酒精的生产概况

糖蜜酒精生产曾是广西制糖综合利用建设最多的一个项目，酒精车间建设基本上与制糖生产车间同步筹建，根据日榨甘蔗能力设计酒精车间，其能力均参照榨蔗能力大小而定，一般制糖产生的废糖蜜约为榨蔗量的3%，即日榨蔗 1 000 t 的机糖厂所产生的废糖蜜可供每天生产 7 t 左右的酒精，附设相应的酒精或白酒车间，三塔生产酒精，二塔生产白酒。

1956 年 1 月投产的贵县糖厂日榨蔗 1 500 t，同时筹建、同时设计、同时施工，采用连续发酵法工艺生产，附设的酒精车间日产 9.6 t。1957 年该厂利用间歇式发酵、二塔气相过塔直接式蒸馏工艺生产酒精 24 t，白酒 1 176 t，此为广西机制糖厂利用糖蜜生产酒精之始。1958 年 11 月投产的桂平糖厂，附设的酒精车间日产 16 t，1959 年生产酒精 1 262 t。20 世纪 50 年代，除了贵县、桂平 2 个大型糖厂附设酒精车间，其他小型糖厂（如邕宁县伶俐、明阳糖厂和横县糖厂等）都是采用开口式间歇发酵技术，用土锅或单塔蒸馏的方式生产白酒。1960 年，全自治区机糖厂生产酒精能力为 36 t·d，从 1957 年到 1960

年累计生产酒精5 521.88 t。20世纪60年代以后建设的糖厂才逐步附设有正规的酒精车间，但蒸馏技术水平低，仍以生产白酒为主。至1970年，能生产酒精的糖厂共10家，生产能力90 t/d，当年仅产糖蜜酒精2 462.14 t，产白酒7 885.12 t。1978年能生产酒精的糖厂增至19家，日产酒精能力45 t，当年产酒精5 675.78 t，产白酒13 292.93 t。1993年年末全自治区99间糖厂就有96家建有酒精车间，日产酒精能力达1 103.4 t，当年产酒精153 472.61 t。与1978年相比，生产酒精的厂家增加77家，增长4.05倍；酒精生产能力增加958.4 t，增长6.6倍；酒精年产量增加到147 796.83 t，增长26倍。其中日产12.8 t以上有43家糖厂（产量最高的贵港甘化厂日产40 t），日产9.6 t的有9家糖厂，日产8 t以下的有34家糖厂。从20世纪50～90年代，广西糖厂利用糖蜜生产酒精情况见表2-1。

表2-1 20世纪50～90年代广西糖厂酒精生产糖蜜情况

年份	生产酒精糖厂/家	生产能力/(t·d^{-1})	酒精产量/t	白酒产量/t
1957—1960		36	5 521.88	
1970	10	90	2 462.14	7 885.12
1978	19	145	5 675.78	13 292.93
1993	96	1 103.4	153 472.61	

近年来，糖蜜酒精的生产厂家由于环保问题，或由于规模太小问题，或由于利润因素，从2005年起部分厂已逐步过渡为规模化、集团化、专业化生产，许多糖厂已不直接生产糖蜜酒精，而将糖蜜卖给专业生产酒精的公司。这样环保问题可以集中解决，降低后处理成本；可以常年生产，不限于榨季，降低设备折旧与劳动成本；可以引进更先进的技术，节能降耗，降低生产成本，提高产品质量。

2003年11月，广西农垦糖业集团有限公司（以下简称"农垦糖业"）的柳兴制糖有限公司、红河制糖有限公司、黔江制糖有限公司与加拿大籍华人余思远先生合作，共同投资3 549.9万元（农垦糖业占51%，余思远占49%）建设年产5万吨食用酒精的合资企业，公司位于武宣县黔江河畔，与广西农垦国有黔江农场、广西农垦糖业集团黔江制糖有限公司为邻，公司占地面积30 000 m^2（45亩），注册资金2 022万元，拥有固定资产1.22亿元。2004年1月建成投产，当年生产酒精2.04万吨，实现经营总收入6 262.9万元。实现利润612.8万元。2005年8月，农垦糖业出资购买余思远先生的全部股份，公司成为农垦糖业全资子公司。2008年生产酒精26 560 t，完成工业产值10 250万元，实现利润2 106万元，上缴税金1 302万元。2009年公司投资5 800万元，引进荷兰ECOFYS酒精废液治理技术对酒精废液进行生化处理，新增厌氧（沼气）＋污灌废水处理工艺设施，废水处理能力为3 700 m^3/d，生产沼气2 000万立方米/年。2010年共生产食用酒精3.29万吨，实现利润409多万元，上缴税金1 687万元。2011年酒精生产所需原料糖厂橘水的价格一路飙升，而酒精的销售价格连续下跌，加上工厂设备经常出现故障，生产不正常，导致效益下滑，当年公司共生产酒精2.63万吨，经营亏损1 400万元。

2004年12月广西糖业集团昌菱制糖有限公司在原有年产3 000 t食用酒精生产线的基

础上，新建一条60 t/d差压式酒精生产线，项目总投资为1 300万元，于2005年4月建成投产，酒精车间橘水处理能力达到450 t/d，日产酒精100 t（年产3万吨）。农垦糖业集中糖蜜到广西农垦思源酒业有限公司和广西糖业集团昌菱制糖有限公司进行规模化生产，2015—2019年广西食用酒精主要经济运行指标见表2-2。

表2-2 2015—2019年广西食用酒精主要经济运行指标

年度	规上企业数	产量/万千升	主营收入/亿元	利润总额/亿元	税金总额/亿元
2015	23	86.15	35.84	1.51	2.57
2016	13	73.99	25.99	2.09	2.32
2017	13	79.20	54.99	2.52	1.62
2018	12	47.17	22.10	−0.20	
2019	11	38.20	18.60	−0.29	

数据来源：广西壮族自治区统计局

从表2-2可知广西的酒精规模以上企业2015年为23个，产量86.15万千升，主营收入35.84亿元，利润1.51亿元，在2017年达到主营收入54.99亿元，利润达到2.52亿元后，连续两年下滑。2019年广西获得生产许可SC证的食用酒精生产企业28个，其中：规模以上企业11个，产量38.20万千升（包括糖蜜酒精及木薯酒精），主营收入22.10亿元，利润亏损0.29亿元。目前由于环保成本高，糖蜜酒精厂无利可图，其开工率不到10%。

二、糖蜜酒精生产工艺

糖蜜是甘蔗或甜菜糖厂的糖汁或红糖、白糖精炼而产生的一种副产品，又称废糖蜜。以糖蜜为原料直接发酵产酒精。

（一）发酵菌种

我国目前糖蜜酒精所使用的菌种均为酵母菌，这些酵母菌的原始菌种均为引进的菌种。主要的酵母菌株如下。

（1）中国科学院2.119（原称台湾396）。2.119最适生长温度为33 ℃，pH为4.0～5.0；最适发酵温度为33～35 ℃，pH为3.0～5.0。

（2）中国科学院2.610。2.610是中科院微生物研究所于1995年为解决广东省气温高影响发酵的问题，采用2.119为原始菌株，用甘蔗糖蜜作为培养基，于40 ℃下驯养出来的一个菌株。

（3）中国科学院2.1189（俗称古巴1号）。

（4）中国科学院2.1190（俗称古巴2号）。

（5）4608号酵母菌株。4608号酵母菌株是利用中国科学院2.610号菌株继续驯养而得的一个新菌株，目前广西、广东、云南、海南、福建等地的糖蜜酒精生产中普遍使用的就是该菌株。该菌株广泛适用于各类甘蔗糖蜜的原料，耐酸性好，耐高温，发酵速度快，发酵效率较高，耐酒份很强，成熟醪最高含酒分可达14%（V/V）。最适繁殖温度为28～36℃，最适发酵温度为30～40℃，最适pH为2.8～5.5。

（二）发酵原理

以酵母为例，酵母细胞含有丰富的水解酶和酒化酶，酵母中的蔗糖酶能将蔗汁中的蔗糖水解为一分子葡萄糖和一分子果糖。在酵母体内，葡萄糖经糖酵解途径生成丙酮酸，在无氧条件下，由丙酮酸脱羧酶催化使丙酮酸脱羧生成乙醛。随后以焦磷酸硫胺素为辅酶，并需要Mg^{+2}，所生成的乙醛在乙醇脱氢酶的作用下成为受氢体，被还原成乙醇，反应如下：

$$C_6H_{12}O_6+3H_3PO_4+2ADP \rightarrow 2C_2H_5OH+2H_2O+2CO_2+2ATP+104.600 \text{ kJ} \qquad (2-1)$$

（三）糖蜜酒精发酵

1. 糖蜜发酵前处理

（1）糖蜜酒精生产原料的预处理。糖蜜本身糖分高，含有大量的细菌、灰分与胶体物质，所以在利用糖蜜进行发酵前必须进行一定的预处理。糖蜜的预处理包括稀释、酸化、灭菌、澄清和添加营养盐等过程。在此重点叙述灭菌（抑菌）方法。

糖蜜的特点及其处理

1）加热法。加热法是利用换热设备，用蒸汽加热糖蜜至沸腾，并保持一定时间，从而杀灭糖蜜中的微生物。但是最大缺点就是能耗太大，因为加热糖蜜时需耗用大量蒸汽，冷却时又要耗用大量的水，这在能源日益紧缺的当下显然是不合适的。

2）酸化法。酸化法是先将原糖蜜稀释到55～60°B_x，然后加入一定量的酸（主要是浓H_2SO_4），保持一定的时间（60～120 min），抑制或部分杀灭稀糖液中的微生物。此法操作相对比较简单实用，因此在中国的糖蜜酒精生产中一直使用至今。但是由于在稀糖中加入了大量的浓H_2SO_4，大大增加了发酵液的酸度，也增加了发酵设备的腐蚀，更为严重的是大幅度增加了酒精废液中SO_4^{2-}浓度，从而使废液处理成本增加。

3）化学药物处理法。化学药物处理法是使用某种（或几种的复合物）化学药物，对糖蜜进行抑菌或杀菌处理的方法。此法更简单实用，但值得注意的是，关键是如何选择一种既能抑制或杀灭杂菌，又对酵母没有或很少毒副作用的药物。以下介绍几种常用药物的处理方法。

①漂白粉：用量为50～100 g/m³醪液，超量对酵母有影响。
②氟化钠：用量为50～80 g/m³醪液，超量对酵母有影响。
③抗乳菌素：用量为5 g/m³醪液，超量对酵母影响很小。
④青霉素：用量为2.5 g/m³醪液，超量对酵母无影响。
⑤克菌灵：用量为10 g/m³醪液．超量对酵母无影响。

从以上几种药物对酵母生长的影响情况来看，建议选择青霉素和克菌灵。青霉素使用一定时间后有耐药性，而克菌灵无耐药性，所以在以上几种药物中，选择克菌灵是最好的。

（2）发酵用水的要求。在糖蜜酒精生产中，必须重视发酵用水，从发酵的角度来说应该是用无菌水或饮用的自来水，在工业化生产中很难做到，必须对发酵用水进行消毒灭菌处理。常用的处理方法是按自来水的方法处理，澄清消毒（30～50 g 漂白粉 /m³）。

2. 酒母的制备

酒母是指具有一定酵母细胞数量的酵母菌菌种。成熟酒母的要求健壮饱满、纯粹无杂菌、繁殖速度快、酶的活力高、发酵能力强。

糖蜜酒精发酵过程中需要大量的酵母，因此必须选择适应工业化生产需要的优良酵母菌种进行纯种培养。由单一细胞出发，增殖大量酵母作为种子，然后利用纯粹的酵母种逐级扩大培养，直至酵母细胞数足够满足工业生产中酒精发酵的需要。其培养工艺如下。

糖蜜酒精的酒母制备

原菌种试管──→斜面试管──→培养（28～30 ℃，2～3 d）──→无菌操作──→液体试管──→培养（28～30 ℃，12～16 h）──→卡氏罐──→酒母罐（内装已消毒并冷却至28～30 ℃的稀糖液）──→发酵罐

酒母扩大培养的方法可分为间歇式培养法、半连续式培养法、连续式培养法。酒母成熟后质量指标为：酵母细胞数 1～1.2 亿 /mL；细胞出芽率 20%～25%；死细胞 <1%；耗糖率 45%～50%；酸度 5.5～6.5（pH 为 4.0～4.2）；含酒精 3%～3.5%。

3. 酒精发酵

（1）糖蜜酒精生产流程图（图 2-1）。

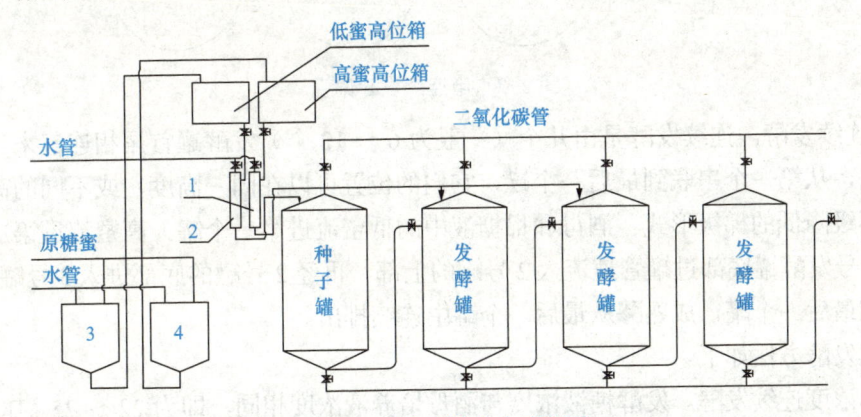

图 2-1 糖蜜酒精生产流程图
1—高蜜二次稀释器；2—低蜜二次稀释器；3—低蜜一次稀释罐；4—高蜜一次稀释罐

（2）糖蜜酒精发酵工艺。

1）间歇发酵。在每个发酵罐中流加 26～30 °B$_x$ 的稀糖液，同时流加 10%～20% 的酵母种子，然后让其发酵成熟 [含酒分 9%（V/V）以上]。一个罐满后，再进行第二个罐的同样操作，直至所有的发酵罐装满（图 2-2）。这种方法劳动强度大、发酵设备效率低、发酵周期偏长、发酵率低、容易感染杂菌，故现在基本不采用这种方法。

2）半连续发酵。半连续发酵是指在主发酵阶段采用连续发酵，而后发酵则采用间歇发酵的方法（图 2-3）。

· 13 ·

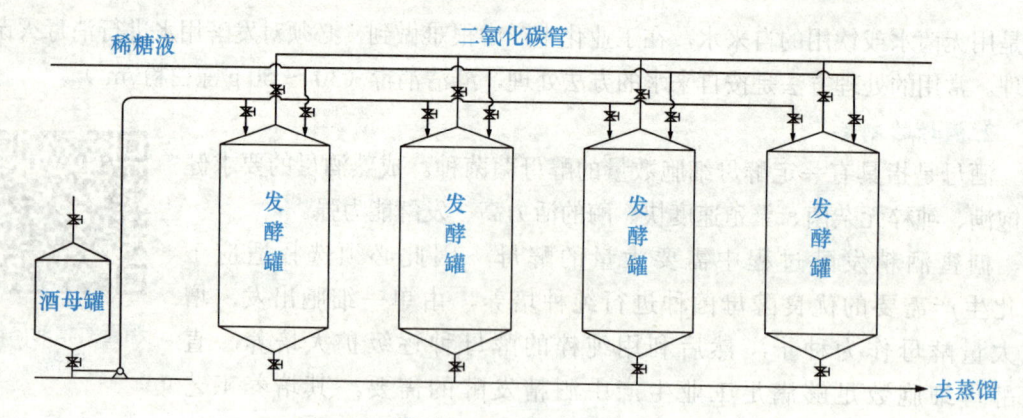

图 2-2　间歇发酵流程

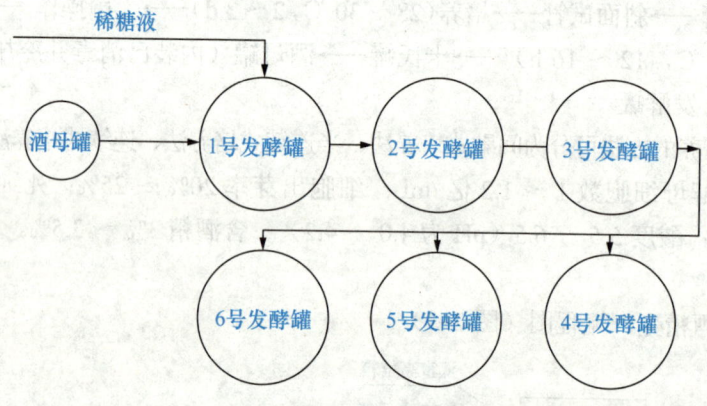

图 2-3　半连续发酵俯视

3）连续发酵。连续发酵是由几个（一般为 6～12 个）发酵罐首尾相连起来，采用串联的方法，从第一个串联到最后一个罐，它们的位置可以在同一高度，或不同的高度水平上，呈逐级降低的梯级形式。酒母和稀糖液中的低蜜流进第一个罐，高蜜流进第二个罐，料液从 1 号发酵罐底部过罐管道流入 2 号罐的上部，再经 2 号罐的底部进入 3 号罐的上部，依次流到最后一个罐，成熟醪从最后一个罐中连续排出。

连续发酵方法如下。

①单浓度连续发酵。发酵糖液浓度与酒母培养液浓度相同，即为 22～25°B_x。

②双浓度连续发酵。酒母培养液采用低浓度稀糖液（17～20°B_x）发酵用的基本稀糖液采用高浓度稀糖液（36～39°B_x）。

③固定化酵母连续发酵。把酵母固定在特殊的载体内，用不锈钢网围放在 1 号发酵罐内，载体不会流失，而且载体内的酵母数可高达 20 亿/g，酵母在载本中不断生长繁殖并渗透到发酵液中。其发酵速度比双浓度流加法快 10%～30%，发酵周期可缩短为 28～35 h，设备利用率和产酒率相应提高。

④连续发酵蒸馏法。特点为采用发酵和蒸馏结合起来的新工艺（图 2-4）。优点是酵母循环回用、罐内形成酵母优势、发酵时间短、产酒率高，且节省了酵母生产繁殖的耗糖；蒸馏废液部分回流至发酵作内部稀释，再结合低 pH 的发酵工艺，既实现了内部灭菌，又减少了生产用水量和废液排放量，且废液的浓度高，有利于废液的再利用。

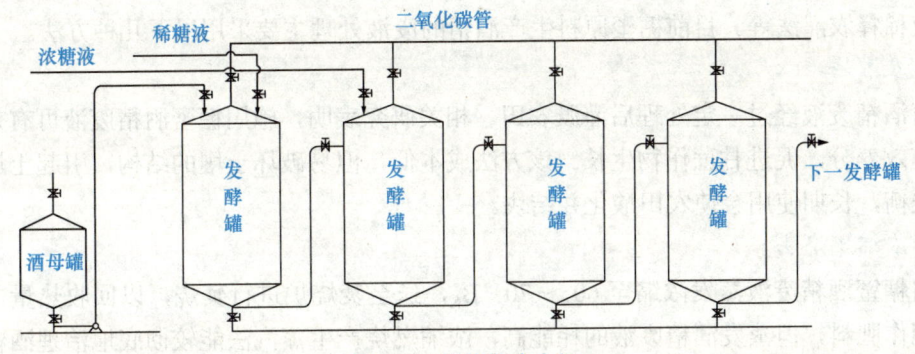

图 2-4　连续发酵流程

（四）糖蜜酒精存在的问题

糖蜜酒精的废液处理比淀粉酒精的处理难度更大。从环保的角度看，由于不像玉米原料能提取饲料，也极少回收酵母，废液处理费用很高，许多小厂甚至不处理就直接排污，从而造成环境污染，如何解决糖蜜酒精的环保问题是一个大问题。由于糖蜜酒精利润不高，原料价格波动会对生产成本产生很大的影响，糖蜜的进货价对酒精价格影响特别大。近年来，除了随榨季价格波动外，糖蜜的价格是逐年上升的，糖蜜酒精的生产成本也逐年提高。

（五）燃料酒精

燃料酒精是经发酵、蒸馏得到的酒精，通过脱水和不同的变性处理，变成燃料酒精。它不是一般的酒精，而是一种深加工产品。生产乙醇的生物质原料主要分为 3 大类。

（1）含糖原料（如糖蜜、甘蔗、甜高粱等），可以直接发酵产乙醇；

（2）淀粉质原料（如小麦、木薯、玉米等），必须先要液化将淀粉转化成可发酵性糖；

（3）纤维素质原料［如秸秆、木屑、蔗渣、污泥（造纸污泥）等］，需要先在酸或纤维素酶类的作用下水解并转化为可发酵性糖类。

第二大类原料成本较高，且利用粮食生产，原料受限，经济效益低。第三大类原料前景广阔，但实现工业化生产尚有一些困难。目前酒精发酵主要以玉米和小麦等粮食作物为原料，但从粮食安全和燃料乙醇产业发展需求考虑，甘蔗、糖蜜等可以作为替代原料。

（六）糖蜜酒精废液的利用

糖蜜生产酒精过程产生大量的废液，生产每 1 t 的酒精产生 12～14 t 含 COD 8 000～120 mg/L，BOD_5 40 000～60 000 mg/L 的酒精废液。由于糖蜜酒精废液的特性，其治理难度很大。酒精废液较传统的处理方法是用氧化塘自然氧化，这种方法处理时间长并占用大量土地，排放时间长、排放量多及大雨时氧化塘常常溢出，污染江河、农田和地下水，同时在氧化过程（好氧和厌氧过程）中产生的废气也对周围空气造成污染，因此可以说糖蜜酒精废液治理和再利用是一项重大工程。酒精废液的治理方法主要有浓缩法、发酵生产饲料蛋白法、燃烧法、生物膜、超滤膜处理法、生产光合菌法、厌氧消化生产沼气法及稀释农灌法等。目前糖蜜原料生产酒精的废液处理主要采用以下几种方法。

1. 农灌法

将酒精废液经过一定处理后灌溉农田。相关研究表明，施用糖蜜酒精废液可有效增加土壤速效养分，促进甘蔗作物生长。该方法成本低，但易破坏土壤的结构，引起土壤营养元素失衡，长期使用会使农田酸化并结块。

2. 浓缩燃烧法

将糖蜜酒精废液蒸发浓缩至 $60 \sim 70\,°B_X$，送至焚烧炉进行焚烧，以回收热量，残渣还可用作肥料，但蒸发酒精废液的耗能高，浓缩燃烧产生蒸汽法能较彻底地治理酒精废液的污染，还能回收富钾炉灰，但蒸发系统和锅炉发电设备投资较高，运行费用高。

3. 浓缩制有机复混肥

酒精废液含有大量的有机质和 K、N、P、Ca、Mg、Mn 和 Zn 等无机盐，也富含其他植物活性小分子，适合制作复混肥。由于酒精废液中的有机物胶质太多，对后工序的造粒、烘干和产品存放造成影响，必须对废液中的这些大分子有机物先进行降解，使其变成小分子，才能明显减少吸湿情况。浓废液加入多孔性吸附剂、分散剂等，有效地降低黏稠的影响，经干燥后再按一定比例加入适当的氮、磷、钾单元化肥及肥力增效剂后混合，经圆盘造粒机造粒，送转筒式干燥机干燥、筛选、包装，得到复混肥产品。

4. 生物处理法

生物处理法是通过微生物对酒精废液进入厌氧、好氧或厌氧－好氧结合处理，使废液中的各种复杂有机物转化为甲烷和 CO_2 等物质，但生物处理法占地面积较大、投资高，废液达标排放难度大，沼气的利用很难有效解决，同时厌氧产生沼气未能彻底消除污染，由于其投资高、运行费用高，很多糖蜜酒精厂的厌氧产生沼气的治理工程都难于维持而停产。

5. 酒精废液作糖厂锅炉的冲灰水

糖蜜酒精厂一般附属在糖厂内，糖厂锅炉较大，酒精废液代替水作烟气冲灰除尘。废液先用石灰中和后，利用锅炉烟气作为热源，在冲灰除尘过程中，蒸发出酒精废液中的水分，废液经沉降除去炉灰，循环复用冲灰除尘，废液得到浓缩，浓度可达 $40\,°B_X$。

● 思考题

1. 蔗糖酶水解蔗糖的产物是什么？
2. 糖蜜发酵前处理灭菌（抑菌）方法有哪几种？
3. 简述连续发酵蒸馏法的优点。
4. 简述糖蜜酒精废液的利用途径。

第二节　酵母及其抽提物

一、概述

酵母（Saccharomyces）是一种单细胞真菌，并非系统演化分类的单元。它是一种肉眼看不见的微小单细胞微生物，能将糖发酵成酒精和二氧化碳，分布于整个自然界；是一种典型的异养兼性厌氧微生物，在有氧和无氧条件下都能够存活，是一种天然发酵剂。从其生长特性看，酵母有以下特征。

（1）营养。酵母菌同其他活的有机体一样需要相似的营养物质，像细菌一样有一套胞内和胞外酶系统，用以将大分子物质分解成细胞新陈代谢易利用的小分子物质，属于异养生物。

（2）酸度。酵母菌能在 pH 为 3.0～7.5 的范围内生长，最适 pH 为 4.5～5.0。

（3）水分。像细菌一样，酵母菌必须有水才能存活，但酵母需要的水分比细菌少，某些酵母能在水分极少的环境中生长，如蜂蜜和果酱，这表明它们对渗透压有相当高的耐受性。

（4）温度。在低于水的冰点或者高于 47 ℃的温度下，酵母细胞一般不能生长，最适生长温度一般为 20～30 ℃。

（5）氧气。酵母菌在有氧和无氧的环境中都能生长，即酵母菌是兼性厌氧菌，在有氧的情况下，它把糖分解成二氧化碳和水且酵母菌生长较快。在缺氧的情况下，酵母菌把糖分解成酒精和二氧化碳。

酵母抽提物（Yeast Extract 或 Y.E.），又称酵母精、酵母味素，是通过自溶、加酶水解等方法将酵母细胞内的蛋白质降解成氨基酸、核酸降解成核苷酸，并将它们和其他有效成分，如 B 族维生素、谷胱甘肽、微量元素等一起从酵母细胞中抽提出来，所制得的一种兼具调味、营养和保健 3 大功能于一体的天然复合调味品，它含有 18 种以上的氨基酸和多肽，还含有核苷酸、维生素、有机酸和矿物质等多种有效成分；其氨基酸平衡良好，味道鲜美浓郁，具有肉香味。酵母抽提物采用现代生化技术精制而成，所以不含动物蛋白水解液（HAP）、植物蛋白水解液（HVP）、有害的氯丙醇，是目前认为最安全的鲜味剂，因此在食品工业中具有广泛的应用前景。

欧洲用以生产酵母抽提物的主要原料是含有高蛋白的啤酒酵母，这种酵母菌株是可以用糖蜜培养的，在英国和美国，也采用一些除去苦味的啤酒酵母和葡萄酒酵母等作为原料，国内生产的酵母抽提物也有以新鲜面包酵母作为原料，如广东一品鲜生物科技有限公司的酵母抽提物，但是现在越来越多的研究学者把目光放在了啤酒废酵母的综合利用上。

二、酵母抽提物的营养价值

目前用于生产酵母抽提物的原料主要是啤酒酵母和面包酵母。在国外，用于生产酵母抽提物主要原料是啤酒废酵母，如美国 AB 啤酒公司；日本的札幌公司、麒麟公司等都用废酵母生产酵母抽提物，日本一般用干燥过的废啤酒酵母来生产酵母抽提物，充分利用啤酒废酵母可以有效地减轻污染，实现资源的二次转化，也可产生巨大的经济效益。我国主要以面包酵母来生产酵母抽提物。广东东糖集团开发的"一品鲜"、宜昌酵母基地生产的"安琪"酵母、珠海天香苑食品有限公司生产的"味原"酵母抽提物都是以面包酵母为原料。

酵母抽提物是一种天然营养品，酵母菌干体含有 5%～10% 蛋白质和氨基酸，2%～3% 的少量脂肪，细胞壁和细胞质中是以多糖形式出现的碳水化合物，糖原和海藻糖的含量能高达细胞干质量的 20%。其中谷胱甘肽能对机体起到解毒和抗氧化作用。另外酵母提取物富含的膳食纤维、B 族维生素和微量元素。酵母抽提物就是通过一系列的工艺将有效成分一起从酵母细胞中抽离出来的浓缩产品，其中的多种氨基酸和核苷酸都有呈味作用。膳食纤维能促进肠胃蠕动、带走肠内有害物质，促进肠内有益菌群的活化生长。B 族维生素推动体内代谢，在糖、脂肪、蛋白质等转化成热量过程中必不可少的。核酸能改善记忆、调节免疫、抗疲劳、延缓衰老，酵母抽提物还含有丰富 RNA 降解的副产物（鸟苷、肌苷等）可抗衰老，促进胆固醇代谢正常，抑制血清胆固醇的上升，增强细胞免疫能力，提高巨噬细胞活性、抗肿瘤。还有麦甾醇和硒是人体所必需的物质，麦甾醇受紫外线照射后会转化为维生素 D，而维生素 D 影响骨骼的形成；硒是人体内不可缺少的微量元素之一，当食物中缺硒时，会引起心血管病、克山病等疾病，这两种物质在其他食物中含量都比较少。酵母提取物在食品加工中有特殊的调味效果及营养滋补作用，已经在欧美、日本等发达国家中大量使用，受到消费者的欢迎，在鲜味增强剂市场需求中占比高达 35%。

三、酵母及其提取物生产概况

广西糖业集团红河农场糖厂 1980 年与自治区轻工研究所合作研究，利用酒精废液生产含蛋白在 43% 以上的干酵母粉取得成功。1986 年投资 133 万元从国外引进主要设备建成饲料酵母生产线，年生产能力为 10 t 饲料酵母，根据市场需要，制成酵母蛋白全价饲料，年产 6 000 t 的全价颗粒饲料车间，当年生产 8.66 t 饲料酵母。1987 年生产 80 t 饲料酵母。南宁制糖造纸厂于 1986 年投资 200 多万元，利用酒精废液作为原料生产饲料酵母，全部设备在国内生产供应。1989 年建成日产 3 t 的饲料酵母车间，1992 年利用酒精废液生产饲料 26 t。

2006 年安琪酵母股份有限公司、安琪酵母（伊犁）有限公司、东亚置业有限公司和黎耀煌等共同出资组建的安琪酵母（崇左）有限公司，利用东亚糖业集团下属各糖厂提供的橘水进行酵母生产，主要产品包括高活性干酵母、酵母抽提物、饲料酵母等。2008 年 2 月首期投资 2.5 亿元人民币建成具有国际先进水平的年产 9 000 t 高活性干酵母生产线。2009 年 4 月投资 1 亿元人民币的扩产改造二期工程顺利投产，年产达到 20 000 t。2009 年 10 月，公司再投资 3 亿元，新建年产 5 000 t 干酵母生产线和年产 8 000 t 高核苷酸酵母抽提物及附属产品的生产线各一条。2014 年建成年产 6 000 t 鲜酵母生产线。2015 年扩建为年产 13 000 t 高核苷酸酵母提取物生产线。目前生产规模为食用干酵母

31 000 t、酵母抽提物产品 13 000 t、有机肥 33 000 t，安琪酵母（崇左）有限公司的生产工艺，是以本地制糖工业的副产品甘蔗糖蜜作为营养基料，培养酵母菌生产食用干酵母产品、酵母抽提物产品，再将酵母生产过程中产生的高浓度有机物废水分离出来，通过蒸发浓缩，形成高浓度、高黏度的浓缩液用于生产有机肥，而酵母生产过程中产生的低浓度废水，采用生化、物化技术进行处理，实现达标排放。

2006 年 8 月全球知名酵母抽提物生产商——法国乐斯福集团（法资公司）、东莞市东糖集团有限公司和广西来宾东糖集团有限公司共同出资 10 亿元人民币建设广西丹宝利酵母有限公司，利用制糖产生的副产品糖蜜作为原料生产高活性酵母和酵母抽提物 2 种高技术含量和高附加值的产品。2011 年 4 月一期年产 16 000 t 折合干酵母工程，2013 年 6 月二期年产 14 000 t 折合干酵母工程建成，目前广西丹宝利酵母有限公司，已形成年产高活性酵母约 4.8 万吨、生物肥约 5 万吨的生产规模，酵母产品主要用于面包、馒头、饼干的发酵和酒精、白酒、食醋的酿造工艺。2006 年东糖集团旗下的广东一品鲜生物科技有限公司和法国思宾格公司组建广西一品鲜生物科技有限公司，生产营养型功能性天然调味料酵母抽提物（酵母精），2009 年年底开始正式投产，目前年产酵母抽提物 2 万吨，一品鲜酵母抽提物主要用于酱油、鸡精和方便面调料的配制等。

广西湘桂酵母科技有限公司成立于 2007 年，2009 年 12 月建成年产 10 000 t 活性干酵母项目，2013 年建成年产 20 000 t 有机干粉肥料生产线，2015 年 7 月建成 8 000 t 高核苷酸酵母抽提物项目。2015 年 11 月法国乐斯福集团以增资扩股形式认购了湘桂酵母及湘桂生物两家公司 70% 的股权，双方共同出资 5 亿元建设以甘蔗糖蜜为主要原料的"年产 2 万吨活性干酵母及 1 万吨酵母抽提物生产线"项目，于 2019 年 6 月 13 日竣工投产，2020 年 3 月计划扩建至年产 5 万吨活性干酵母及 1.8 万吨酵母抽提物。

四、食用（或药用）酵母生产流程简述

1. 空气处理
空气 → 过滤 → 压缩 → 发酵。

2. 营养盐配制
营养盐（尿素、硫酸铵、磷酸等）→ 稀释 → 灭菌 → 发酵。

3. 菌种培养
酵母菌种 → 一级种子培养 → 二级种子培养 → 发酵。

4. 糖蜜处理
糖蜜 → 稀释 → 澄清 → 灭菌 → 发酵。

5. 酵母制造
发酵 → 分离（得酵母乳）→ 浓缩 → 干燥 → 酵母（粉）。

五、酵母抽提物的生产方法

目前生产酵母抽提物的方法主要有自溶法、酶分解法和酸分解法等。

1. 自溶法

自溶法是以有酶活性的新鲜活酵母为原料，利用酵母细胞本身的酶系，添加一定量的自溶促进剂，在一定条件下，将酵母体内的糖类物质、蛋白质和核酸分解为还原糖、氨基酸、肽类、核苷酸等小分子物质并从酵母细胞内抽提出来的一种方法。利用自溶法生产的酵母抽提物，蛋白质分解率高，游离氨基酸含量高，风味好，成本较低，但呈味核苷酸含量低。目前欧美及我国所生产的酵母抽提物绝大部分采用这种方法。

2. 酶分解法

酶分解法是以菌体内酶失活的酵母菌为原料，通过控制一定的酵母浓度、温度和pH，干燥的酵母原料在细胞壁分解酶、蛋白酶、肽酶、5-磷酸二酰酶和5-腺苷酸脱氨酶共同作用下，分解成为小分子的糖类、氨基酸、肽类及5-核苷酸等呈味物质，离心分离后将上清液减压浓缩或喷雾干燥，即得酵母抽提物的一种方法。利用酶分解法生产的酵母抽提物质量较好，但成本较高，日本大部分酵母抽提物都是采用酶分解法生产的。

3. 酸分解法

酸分解法是以干燥酵母为原料，主要用盐酸或硫酸进行分解。酸分解法生产的酵母抽提物相当于HAP和HVP，其基本的生产工艺是将酵母液在一定的酸浓度、压力、温度、pH条件下水解一定时间，然后进行过滤、脱色、脱臭、碱中和后进行减压浓缩或喷雾干燥即得酵母抽提物。利用酸分解法生产的酵母抽提物游离氨基酸含量大，但适口性较差，一般不采用此法生产酵母抽提物。

4. 机械破壁

酵母细胞壁的结构是影响酵母提取物得率的主要因素之一，由约31%甘露聚糖、21%葡聚糖、13%蛋白质、8.5%类脂共同构成坚固的酵母细胞壁。酵母自溶过程中，通过自身酶系不能使酶解的呈味物质得到充分释放，影响到最终产品得率和风味，所以有必要对酵母进行破壁处理，破壁后的酵母细胞壁孔隙增大，氨基酸、5-核苷酸等内溶物渗出胞外，可以大幅度提高产品的品质。机械破壁分为高压匀浆、超声波细胞破碎、微波辅助等方法。高压均质因其方便、高效、处理量大，作用效果明显等优点使用较为广泛。添加外源酶尽管可以缩短反应时间，提高得率，但酶进行破壁处理会增加生产成本，而且还是存在的产品抑制问题。超声波细胞破碎等方法处理量小，不适宜应用到工业大规模生产中。

六、酵母提取物生产工艺

1. 酵母发酵

根据客户的最终用途，筛选酵母菌株。随后，酵母菌株将以糖分为养料逐渐增殖生长。在此过程中需要密切监测温度和氧气浓度，以提高酵母的生长速度。发酵完成后，得到的产品称为"酵母乳"。

2. 酵母自溶

破碎细胞壁步骤的目的是溶出酵母细胞内容物。在停止酵母种群生长的冷却步骤之后，将酵母乳放入温度为 45～55 ℃的大罐。在这个加热过程中，细胞壁被酵母中存在的酶分解。细胞的大分子被切割成更小的分子，获得以下"美味"成分：蛋白质部分（肽、游离氨基酸，如谷氨酸）、核酸（核糖核酸（RNA）、寡核苷酸、核苷酸（IMP-GMP）、多糖（糖、甘露聚糖和葡聚糖）。为了获得正确比例的"美味"监测整个破壁过程是很有必要的。破碎细胞壁的每个参数（温度和pH）都是至关重要的，并且会影响酵母提取物的最终品尝特性。

3. 分离

通过离心和清洗将提取物的成分从细胞壁中分离出来，酵母乳成为酵母提取物，并保存了大部分最初的酵母营养。然后通过温和地蒸发将酵母提取物浓缩，获得可溶性的液体酵母提取物。

4. 包装

根据客户的需要，在保留酵母抽提物所有的感官特性和益处的同时，通过蒸发、浓缩和喷雾干燥等生产步骤后，提供不同形的产品（液状、膏状、粉状）。

七、酵母提取物的应用

1. 酵母抽提物在食品工业中的应用

酵母抽提物作为一种重要的调味原料，由于其营养丰富、滋味鲜美、肉香味浓郁而持久，在食品工业中具有广泛的应用。在食品工业中，酵母抽提物是一种集营养、调味、保健于一体的天然调味品起着改善产品风味，提高产品品质及营养价值，增进食欲等作用，广泛地用于肉类、水产品、膨化、快餐食品加工，用作液体调料、特鲜酱油、粉末调料、肉类加工、鱼类加工、动植物抽提物、罐头、蔬菜加工、饮食业等鲜味增强剂，在酱类、饼干糕点、营养保健食品等产品中的应用也在进一步拓展酵母抽提物具有营养性、安全性、方便性等特点。在食品工业中，酵母抽提物能够满足消费者对汤、肉羹、酱料、方便食品、调味、咸味小吃等领域不断提高的要求。除了这些酵母提取物的直接用户，调料和香精工厂也会需要酵母抽提物。

2. 在肉类食品中的应用

肉制品中添加适量的酵母抽提物，可以使产品香气纯正、丰满、浓郁、圆润，与其他呈味物质有协同相乘作用，效果数十倍、百倍的增长，即少量的酵母提取物就可以取代大量其他调味料，从而降低成本。酵母肉制品在酱卤制品、熏烤肉制品、香肠制品中都有很好的应用。火腿、香肠生产和加工过程中因为长时间热处理，风味和营养损失都较多。若添加 0.2%～0.5% 酵母抽提物到肉类食品中如火腿、香肠、肉馅等中，不仅可补偿损失、抑制肉类令人不愉快的气味，还能增强肉制品的色感、味道，并延缓脂肪氧化、防止脱水干缩。烹饪中添加酵母抽提物还能提高肉的嫩度。添加 0.2% 酵母抽提物到火腿肠中，能使火腿肠的色、香、味都有所提高，并且在贮存中不易褪色，肉香味增强。添加在酱卤制品、卤水、老汤中与肉制品一起煮制，对卤制品的后味风味有很大的提升作用。

3. 在调味品中的应用

酵母抽提物已广泛应用于我国的各种复合调味料的配制中,如各类调味汁(高级海鲜酱油、生抽、辣酱油、蚝油、鸡汁、食用醋等)、粉状调味料(方便咖喱粉、牛肉精、鸡精等)、糊状调味料(黄豆酱、豆瓣酱、番茄酱等)。酵母抽提物不仅可以掩盖调味品在加工过程中产生的不良气味和突出产品香味,还可以协调、平衡滋味,从而使口感更自然柔和、醇厚。依照的产品不同形式和大小,酵母抽提物的添加量也有所不同,0.05%～0.4%或3%～5%不等。与不添加酵母抽提物的普通调味品相比,添加了适量酵母抽提物的新型调味品比其本味更突出,异味大大降低。蚝油中添加0.6%～0.8%酵母抽提物时,增加了蚝香味,明显降低了蚝腥味,蚝油的整体口感更浓厚自然。在高品质鸡精中添加酵母抽提物的量达到3%时,不仅使其本身的风味更加自然醇厚,而且基本没有腥味,整体口感更接近天然鸡汤。酵母抽提物还可以改善酱油的风味特点,圆润其风味特点,降低钠的含量和掩盖令人不愉快的气味。所有的酵母抽提物含有的多肽和氨基酸及风味强化物质 5-核苷酸(GMP+IMP),这些物质能够给食品带来一种肉汤的特征。

4. 在焙烤食品中的应用

酵母抽提物和面团中的面筋基质相互作用,能改善面团的延展性和烘焙性,使产品的口感和结构都得以改善。酵母抽提物中的含有海藻多糖,能有效防止淀粉老化。在面包生产中,添加酵母抽提物到面团中能缩短混捏时间,即使混捏结束后,保存一段时间也不会影响解冻后的发酵,还是能够生产出品质良好的面包。中式传统的面点,如包子、饺子、烧卖、馅饼等,添加适量的酵母提取物在馅心的调味过程中,同样可以使肉类馅心鲜香浓郁、异味减小,咸味的素馅面点具有鲜美丰润的肉味感,同时增加了营养素的种类。

5. 在方便食品生产中的应用

在红薯粉丝、方便面、米线等方便食品的调料包中,添加0.5%～4.0%的酵母抽提物增强鲜味,不仅增强了产品的鲜味、醇厚感,还提高了产品的适口性和营养。方便面的面饼中使用酵母抽提物,油炸后面饼会更鲜美,色泽也更好,与面汤形成和谐统一的味觉享受。以谷物类为原料加工制成的膨化食品,质量的评价包括感官质量(色泽、味道、膨化率等)、卫生质量和营养价值。其中,感官质量很大程度上取决于调味料的功能。在配制膨化食品调味料时,添加5%～10%的酵母抽提物可使食品的滋味丰富、醇厚香浓、天然风味突出,同时还弥补了谷物蛋白质不足的缺陷。

● 思考题

1. 目前生产酵母抽提物的方法主要有哪几种?
2. 酵母抽提物在食品工业中有哪些应用场合?

第三节　焦糖色素

一、概述

焦糖色素（Caramel Pigment），也称焦糖或酱色，是一类具有焦香味的黑褐色液体、粉末或颗粒，是由碳水化合物在一定条件下焦化而成，或是与氨基化合物发生美拉德反应制成，因其具有水溶性好、着色率强、稳定性高、安全无毒等优点，广泛应用于调味品、饮料、焙烤等食品行业。在实际使用中，应根据焦糖的理化性质及食品自身的特点选择相应理化性质的焦糖，以获得性质稳定、感官品质良好的食品。

焦糖色素是一种浓黑褐色黏稠物质，可溶于水，不溶于常用的有机溶剂，有明显的焦香味，被广泛用于食品、医药、调味品、饮料等行业。1940年美国食品药品管理局（FDA）就发布了有关焦糖色素的规定。由于4-甲基咪唑的毒性问题使焦糖色素的发展受到了阻碍，后来经过一系列的深入研究和实验，联合国粮食与农业组织（FAO）、世界卫生组织（WHO）和国际食添加剂联合委员会（JECFA）均认为，焦糖色素作为食用色素是安全的，但对于4-甲基咪唑做了限量的规定。国外焦糖色素的生产历史悠久，美国1863年就首次商业化生产。在我国，20世纪70年代，河南等地就有以红薯为原料生产焦糖的小工厂，但生产设备落后，产品色率低。80年代后期，重庆引进美国威廉生公司的生产技术，大大推动了我国焦糖色素工业的发展。90年代中期，以山东恒泰为龙头的焦糖色素生产企业相继形成，主要产品为氨法焦糖。2015年我国根据焦糖色素工业发展的形势，在原标准的基础上又制定了《食品安全国家标准　食品添加剂　焦糖色》（GB 1886.64—2015）标准。

二、焦糖色素的分类及性质

1. 按产品型号分类

根据产品型号的不同，焦糖大致可分为普通单倍型、普通双倍型、酿造型、老抽红型和特红型，见表2-3。

表2-3　不同型号焦糖的性质

型号	色素（EBC）（≥）	红色指数（≥）	波美度（≥）/°be	黏度（≥）/(mPa·s)
普通单倍型	3.20	5.3	36.0	1 300
普通双倍型	5.95	4.3	31.0	1 600
酿造型	3.30	5.3	31.0	500
老抽红型	1.60	6.0	38.0	1 100
特红型	2.35	5.7	37.5	1 100

2. 按生产中使用催化剂种类分类

国际技术焦糖协会（International Technology Caramel Association）根据焦糖在生产过程中添加催化剂的不同，将焦糖分为普通焦糖（不加催化剂）、亚硫酸盐焦糖（以亚硫酸盐为催化剂）、氨法焦糖（以氨为催化剂）、亚硫酸铵法焦糖（以亚硫酸铵为催化剂），它们的性质概括见表 2-4。

表 2-4 不同类别焦糖的性质

型号	国际编号	色率	典型用途	所带电荷	是否含氮类物质	是否含硫类物质
普通焦糖（Ⅰ）	INS150a EEC NO E150a	1.7×10^4	烘烤食品 即食谷物 复合调味料	负（弱）	否	否
亚硫酸盐焦糖（Ⅱ）	INS150b EEC NO E150b	2.7×10^4	酒类	负	否	是
氨法焦糖（Ⅲ）	INS150c EEC NO E150c	$(3.2 \sim 5) \times 10^4$	酱油、啤酒 醋	正	是	是
亚硫酸铵法焦糖（Ⅳ）	INS150d EEC NO E150d	$(2 \sim 8) \times 10^4$	碳酸饮料 料酒及制品 茶（类）饮料	负	是	是

三、焦糖色素的制备原理

焦糖色素是一类由上百种化合物组成的复杂化合物，其反应生成机理极其复杂，普遍认为焦糖色在形成过程主要经历 2 类反应：美拉德反应、焦糖化反应。

糖蜜生产焦糖色素

1. 美拉德反应

美拉德反应（Maillard Reaction）本质上是一种羰胺反应，含有氨基的蛋白质、氨基酸、多肽与含羰基的还原糖、醛、酮、胺类之间等都可以发生此类反应。这类反应的最终产物都是黑褐色或棕黑色的产物类黑精，但由于过程和产物的复杂性，人们对反应的机理尚未完全明确。目前普遍将美拉德反应分为 3 个阶段：前期阶段，游离的羰基和氨基缩合生成希夫碱（Schiffs base），该物质不稳定，易发生阿玛多利重排，生成稳定的阿玛多利重排产物（Amadori Products，ARP-1- 氨基 -1- 脱氧 -2- 酮糖）。中期阶段，反应底物是初期阶段产生的阿玛多利重排产物，它会在不同的 pH 条件下经不同的降解途径生成对应的产物。pH ≤ 7 时，阿玛多利重排产物经 1，2- 烯醇化反应进一步脱水环化成糠醛或 5- 羟甲基糠醛（HMF）。pH＞7 时，阿玛多利重排产物经 2，3- 烯醇化反应并进一步降解成还原酮、丙酮醇、丙酮醛和双乙酰等裂解产物及脱氢还原酮类化合物等中间产物，它们的性质非常活泼，可参与下一阶段的反应。末期阶段，反应机理尚不明确，已知的有环化、脱水、重排、异构化、醇醛缩合等，并最终生成类黑精这种具有抗氧化性的褐色含氮高分子化合物。类黑精是一种成分复杂的化合物，它除了含有咪唑、吡咯、吡啶和吡嗪等各类不饱和的杂环化合物,还含有一些完整的氨基酸残基成分。

2. 焦糖化反应

焦糖化反应也属于非酶褐变,是指反应体系中没有胺类化合物时,醛糖或酮糖经高温(140～170 ℃)发生降解、脱水、缩合等一系列反应,赋予食品色泽与风味的过程。在反应开始阶段,糖料经加热发生降解,如葡萄糖反应生成部分葡聚糖、左旋葡萄糖和少量龙胆二糖和槐二糖,这些产物再经过一系列过程(如脱水、分子重排、环化作用等)生成糠醛类物质。聚合反应是焦糖化反应后期反应的主要类型,反应机理与丁间醇醛的缩聚机理类似。

四、焦糖色素生产概况

2008 年年底,广西桂平市巴帝食品有限责任公司建成 3 万吨年生产能力的焦糖色素生产线,经过工艺技术改造升级及扩建目前生产能力已达年产焦糖色 12 万 t;广西巴帝食品有限责任公司建有年生产能力 4 万吨的焦糖色素生产线,以糖蜜、葡萄糖、白砂糖为原料,生产各类色率焦糖色、普通法焦糖色、白砂糖焦糖色、双倍焦糖色、粉末焦糖色、药用型焦糖色、酒用型焦糖色等天然焦糖色素产品。广西来宾市百盛食品有限公司以糖蜜、白砂糖、葡萄糖、果糖等作为原料,采用普通法、亚硫酸铵法生产优质的食品级添加剂焦糖色素,建有年产 10 万吨焦糖色素的生产线。桂林红星食品配料有限责任公司(2004 年由桂林市红星化工总厂焦糖色素分厂组建而成)和广西宣达食品有限公司也生产焦糖色素产品。

五、焦糖色素的生产工艺

早期焦糖色素的生产多以红薯、马铃薯为原料,采用小作坊生产,由于设备简陋及技术不成熟,焦糖色素的质量不稳定。从 20 世纪 90 年代中后期开始,随着生产技术的改进及食品添加剂市场监督体制的健全,焦糖色素的产量和品质都得到提高。由于食品行业对焦糖色素需求量及品种多样化的不断增加,生产原料也呈现多样化。

糖蜜、葡萄糖、蔗糖、木糖母液等均可以作为生产原料,采用氨水、碱和铵盐等为催化剂在一定的条件下经焦糖化反应即可制备焦糖色素。

以下是糖蜜焦糖色素生产工艺流程说明。

1. 原料预处理

糖蜜是糖厂的副产物之一,它成分复杂,除含有蔗糖分(30%～50%)外,还含有大量胶体和杂质,需对其进行清净处理,才可作为生产焦糖色素的原料,稀释至 35 °Be 左右,添加硫酸调酸至 pH 为 3.0～3.5,升温至 90 ℃,保温一段时间后,过滤后浓缩至 38 °Be 左右。

2. 调浆工序

调浆工序也是焦化前的准备工序。往糖浆中加入食品级氢氧化钠至 pH 为 4.5～5.0 后,加入其他助剂(如焦亚硫酸钠),在一定的温度下保温一段时间,得到糖浆调和液。

3. 焦化工序

经过水合调浆工序后，继续升温并盖上反应釜盖，使反应在温度 120 ℃、压力 0.3 MPa 进行焦化保温，根据色率的增长情况保温一段时间后，继续升温并通过空压机向反应釜通入空气，以加快焦化反应速度，同时可以有效调整反应物料的黏度，以提高产品质量及生产效率。

4. 冷却、调配工艺

焦化反应结束后，排压、并打开循环冷却系统，使产品冷却下来，加入食品级氢氧化钠至 pH 为 5.5～6.5，同时加入适量的水至 38 °Be，一方面达到冷却的效果，另一方面可以调节产品的锤度和黏度来达到调配的目的，最后得到焦糖色产品，食品添加剂焦糖色素质量标准见表 2-5。

表 2-5 食品添加剂焦糖色素（亚硫酸法、氨法、普通法）质量标准
（GB 8817—2001）

指标项目		指标	检验方法
吸光度 $E_{1cm}^{0.1\%}$（610 nm）		0.01～1.00	附录 A 中 A.2
氨氮*（以 N 计），w/%	≤	0.6	附录 A 中 A.3
二氧化硫*（以 SO_2 计），w/%	≤	0.2	附录 A 中 A.4 或 GB/T 5009.34 蒸馏法
4-甲基咪唑*/（mg/kg）[a]	≤	200	附录 A 中 A.5
总氮*（以 N 计），w/%	≤	3.3	GB 5009.5[b]
总硫*（以 S 计），w/%	≤	3.5	附录 A 中 A.6
总砷（以 As 计）/（mg/kg）	≤	1.0	GB 5009.11
铅（Pb）/（mg/kg）	≤	2.0	GB 5009.75
总汞（以 Hg 计）/（mg/kg）	≤	0.1	GB 5009.17

注：带 * 项目的指标值是吸光度为 0.10 个吸收单位时的指标值（当吸光度不等于 0.10 时，应将各有关指标测定结果进行折算）。
[a] 只针对氨法和亚硫酸铵法制成的焦糖色进行规定。
[b] 计算公式中不乘以氮换算为蛋白质的系数 F。

六、焦糖色素在食品中的应用

1. 焦糖色素在软饮料中的应用

软饮料是世界上焦糖色素用量最大的领域，一般是用亚硫酸铵焦糖，这种焦糖色素带负电荷，而饮料中所用的香料，含有少量带负离子的胶体物质，这样在化学上就能相溶，不会形成浑浊或絮凝现象。焦糖色素在使用前部分氢化，可进一步减少产品贮藏中芳香成分的损失，这对使用阿力甜的低糖可乐型饮料尤其显著。

2. 焦糖色素在调味品中的应用

用于酱油、醋、酱料等调味品中的焦糖色素多为Ⅲ类焦糖色素，带有正电荷。这些调味品盐分含量高，例如，酱油含有 17%～20% 的盐分，所使用的焦糖色素必须具有耐盐性，否则就会出现浑浊、沉淀。现今消费者需求的酱油产品不仅要色深，还要颜色红亮、挂碗性好，这就要求选用红色指数高、固形物含量高的焦糖色素。

3. 焦糖色素在酒精制品中的应用

焦糖色素的耐酒精性使它能够在酒精中使用，焦糖色素通常能分散于 50% 浓度以下的乙醇溶液中。啤酒含有带阳电荷的蛋白质，需选用带阳电荷的Ⅲ类焦糖色素。黄酒中含有大量负电荷的蛋白质、多糖的胶体，且产品 pH 一般为 3.8～4.6，故要求使用 pH 在 1.5 以下、在酒精下稳定的Ⅳ类焦糖色素。有些产品（如发酵葡萄酒、樱桃酒），在生产中已基本去除了蛋白质，加上本身带有酸性，可以使用耐酸性焦糖色素。

焦糖色素也可用来增加焙烤食品外观的吸引力，可选用原浓度或倍浓度的液体和粉末状焦糖色素来弥补特制面包"表面装饰"蛋糕和曲奇饼精制配料的不充足和不均匀的着色力。此外焦糖色素也能广泛地应用于其他食品中，如罐装肉和炖肉、餐用糖浆、医药制剂，以及植物蛋白为原料的模拟肉。肉制品中可以用正负电荷的焦糖色素，选择时应考虑红色指数问题。固化焦糖色素一般用于混合粉末调味料中，如把固化焦糖色素与淀粉或糊精混合于方便面调味包中，保证汤料用热水冲调后速溶的同时加强汤料的色泽和风味。

● 思考题

1. 在实际使用中，应根据哪些特性选择相应理化性质的焦糖？
2. 根据焦糖色素在生产过程中添加催化剂的不同，可将焦糖色素分为哪几种？
3. 焦糖色素有哪些应用场合？

第四节　朗姆酒

一、概述

朗姆酒是指以甘蔗汁或甘蔗糖蜜为原料，经发酵、蒸馏、陈酿等过程而制得的蒸馏酒。朗姆酒醇香芳郁，有甘蔗汁味，无刺激性，有止渴的功效，与白兰地、威士忌、伏特加、金酒和中国白酒并称为"世界 6 大蒸馏酒"，在世界范围内受到了广泛的欢迎和喜爱。

朗姆酒的主要产区为加勒比海附近及中美和南美国家，素有"海盗之酒"的称号。朗姆酒是一种风格非常多变的产品，不同的地区酿造出的朗姆酒具有不同的风味。朗姆酒无论是净饮还是用来调配鸡尾酒均十分出色，可以满足不同人群的需求。在古巴等传统出产国地区，人们大多喜欢喝纯朗姆酒，不调混。而在美国和中国等许多国家，一般把朗姆酒用来调制鸡尾酒。朗姆酒还可在烹饪上用于糕点、糖果、冰激凌及法式大菜的调味。朗姆酒的代表品牌主要有波多黎各的百加德（Bacardi）、牙买加的摩根船长（Captain Morgan）、美雅士（Myers）等。目前朗姆酒已经成为全球主要市场增长最快的烈酒品种之一。随着国内对洋酒消费的快速增长，朗姆酒在中国市场上已具有一定销量，最近几年销量增长明显。

二、朗姆酒的种类

依据香气类型，朗姆酒可分为浓香型和清香型。这主要是依据酒中的芳香物质含量来分的。其中，清香型口味清香、酒体轻盈，以波多黎各朗姆酒为代表；浓香型口味厚重、香味浓郁、酒质醇厚，以古巴朗姆酒为代表。朗姆酒不同的香型是由发酵所用菌种、发酵时间等酿造工艺决定的。

朗姆酒依据其颜色，可分为银朗姆、金朗姆和黑朗姆3种。银朗姆酒液颜色为无色或淡色，酒味较干，香味不浓，大多数属于清香型。银朗姆生产时需要将蒸馏后酒液经活性炭过滤，然后入桶陈酿1年以上。而金朗姆酒色较深，酒味略甜，香味较浓。金朗姆又称琥珀朗姆，生产时需要将蒸馏后的酒存入内侧灼焦的旧橡木桶中至少陈酿3年。至于黑朗姆酒色较浓，呈深褐色或棕红色，酒味芳醇，在生产过程中需加入一定的香料汁液调味或加入焦糖调色剂调色。

不同产地的朗姆酒，品质也有所不同。波多黎各、维京群岛、多米尼加、墨西哥、委内瑞拉等地区生产的朗姆酒，酒体轻盈，酒味极干，最适合调制鸡尾酒。古巴、牙买加和马提尼克等地区生产的朗姆酒，色泽金黄、深红，酒体丰厚，酒味浓烈。爪哇岛等地区生产的朗姆酒，在生产过程中加入了芳香类药材，致使其酒体轻盈、酒味芳香持久。

三、朗姆酒生产概况

广西甘纳酒业有限公司2011年8月率先在国内开工建设朗姆酒项目，引进适用技术和先进设备，一期项目投资近3亿元，建成年产1万吨朗姆酒生产线，包括朗姆酒精品观光生产线工程、勾兑过滤生产线、灌装生产线工程、产品检验检测中心、陈酿仓库工程等，远期还具有10万吨朗姆酒的年生产潜力，2013年以后逐步推出"G系列"——G6和G9桂记甘白朗姆酒和"V系列"——V5和V7金朗姆酒。广西海酩威酿酒有限公司2014年已基本建成一条年产1 000 t朗姆酒生产线，拥有重质朗姆酒、轻质朗姆酒、水果型朗姆酒、预调鸡尾朗姆酒、现调鸡尾朗姆酒5大产品系列。

四、朗姆酒工艺技术

朗姆酒以甘蔗及其附属物为原料生产的一种蒸馏酒，工艺主要为甘蔗汁或糖蜜经预处理—发酵—蒸馏—陈酿—勾兑过滤的工序而制成的一种酒精饮品。

1. 原料的处理

作为朗姆酒原料之一的糖蜜，其含有高糖分（锤度一般达 80°B_x 以上）、黏度大，同时还含有大量灰分物质，不适合直接用于发酵生产，因此需要在发酵前进行一定的预处理，首先是进行稀释处理降低黏度以达到易于处理的浓度，加入浓硫酸 0.4%～1% 进行酸化处理，以达到抑制杂菌生长和去除灰分的作用，通过离心机分离去除沉淀的物质（防止蒸馏时沉淀物堵塔而影响生产连续性），取上清液进行发酵用；同时加入磷酸 0.02%～0.05% 和硫酸铵 0.1%～0.2% 作为酵母繁殖生产的营养物质。

2. 发酵工艺

朗姆酒发酵采用间歇发酵、半连续发酵和连续发酵工艺。现在大多企业采取双浓度连续发酵工艺，以提高发酵的效率。同时连续发酵工艺可以更好地杜绝发酵中产生酸败现象而保证生产的连续性，同时可以控制发酵醪质量，减少有害物质的产生，进而也可以更好地降低生产成本。发酵中严格控制发酵工艺参数。

（1）发酵温度：生产清香型朗姆酒时，需要产生的杂醇酒量少一些，因此在发酵时就应进行有效控制。而温度的控制对于发酵过程中的杂醇油的产生有较大影响，通常是在采用高温发酵时酵母会产生较多的杂醇油，而在相对温度低时产生的杂醇油较少。在波多黎各岛的朗姆酒工厂常采用的温度为 30～33℃，如发酵时混合使用酵母和细菌，则发酵液的温度不允许超过 30℃。国内生产厂家认为在实践中控制发酵温度为 28～32℃，既能使发酵正常进行，又能在发酵醪液中产生较少的杂醇油。

（2）pH：稀糖液的 pH 影响发酵的过程和新陈代谢作用所形成的产物，适宜的 pH 为 5.5～5.8，能形成很好的芳香味，如混合使用酵母和细菌发酵，pH 不应低于 5，因为 pH 到达 4 时细菌将失去活性。

（3）发酵时间：决定于所采用微生物的种类及其数量、发酵的温度、糖液的浓度和酵母氮素源的数量，正常使用的发酵时间是 2～4 d。

2. 蒸馏工艺

朗姆酒蒸馏工艺采用单罐蒸馏和连续蒸馏 2 种。从实际生产中来看，单罐蒸馏方法主要是制备浓香型朗姆酒，国外常用于英国和加勒比地区，此法比较简便、灵活机动，又能取得高质量的产品，连续蒸馏常用于清香型朗姆酒，如波多黎各岛和古巴的朗姆酒。在蒸馏中应通过有效控制尽可能地排除杂质，同时保留对酒香有促进的物质。根据酒的感官要求采取不同的蒸馏设备及方式，保留酒更多的风味物质，保持酒的有效成分，形成酒的色、香、味、格和酒体的有效形成及稳定。传统的铜葫芦蒸馏器通过两次蒸馏生产一种 70%～80%（V/V）原酒，形成一种风味；也有采用单塔（结构采用上层塔用铜质材料，下层塔用不锈钢材料）生产一种 80%（V/V）左右原酒。采取连续多塔的液相过塔蒸馏，经过多次蒸馏浓缩排杂，尽可能地排除杂质，同时保留有用成分，这需要控制好蒸馏塔的温度和压力稳定，保持蒸馏过程的连续性，同时在取酒时应在不同的采酒塔板处采酒进行化验及品尝，达到企业原酒的标准，生产出 95%（V/V）以上的原酒。

多种原酒的产品所含有的风味物质量不同，其中铜葫芦生产原酒和单塔原酒经橡木桶进行 3 年以上的陈酿，多塔酒经 2 年以上的陈酿，经过多年陈酿的各式原酒经调酒师进行勾兑品尝，达到企业标准而成白朗姆酒和金朗姆酒。

3. 陈酿工艺

刚蒸馏出来新鲜的朗姆酒，具有不成熟的生酒味，应将酒液放置在橡木桶内进行贮藏，才能增进酒的芳香味，有些浓香型朗姆酒成熟需要10～12年，甚至达15年之久，一般要保持2～10年。英国有一个法令：对威士忌、朗姆酒和白兰地而言，一定要求经过3年之久的老熟，否则就不能出售。

朗姆酒使用橡木桶进行陈酿，橡木桶的木料原产地、板材老熟、烘烤控制是橡木桶产品品质风格的重中之重。朗姆酒风味需要进行橡木桶的陈酿后才能有效形成，橡木桶对朗姆酒的成型是关键步骤，只有经橡木桶多年的陈酿才能使朗姆酒陈熟，去除新酒辛辣味，使酒气味芳香、口味醇厚和柔润。

4. 勾兑过滤工艺

勾兑过滤作为朗姆酒生产制作的最后工序，是对在前面各工序生产产品严格把关的基础上进行的，也是形成朗姆酒风格的最后一步：首先是确定基酒，并通过理化指标及品尝，与成品进行对比，判断基酒存在的不足（因生产时间和班组影响原酒的质量出现差异是正常的，通过勾调来形成产品的稳定统一），再进行选择勾兑，完善分类；其次是调酒师通过掌握基酒的不足，在已分类陈酿的酒中寻找完善基础调味酒，这就是要对各种原酒和年份酒进行选择勾调，调酒师似是艺术家在创作，通过调酒师精心调配、品尝、更改、完善，酒的色、香、味统一协调，达到企业的产品要求的感官指标和理化指标，经过滤后形成自己的产品。

5. 勾兑用水处理工艺

所谓的"好水酿好酒"，说明酿酒时水质量的重要性。水是直接用于勾兑成品的，其质量的好坏也会直接关系到酒的品质。一般来说是应该选择一处好的水源，为保证勾兑水的品质，必须对用于勾兑的水源进行有效处理，用选择纯净水的标准来选择水处理设备，严格进行用水工艺处理，同时定期对处理水进行检查，确保各勾兑用水达到合格的要求。

> **思考题**
>
> 1. 依据香气类型朗姆酒可分为哪几种？
> 2. 朗姆酒依据颜色可分为哪几种？
> 3. 朗姆酒的生产有哪几种发酵工艺？

第五节　甘蔗醋

一、概述

甘蔗汁主要由蔗糖、果糖、葡萄糖三种成分构成，极易被人体吸收利用，具有解热止渴、生津润燥、助脾健胃等功效。甘蔗出汁率高，且含糖量高，是很好的微生物发酵底物，是生产甘蔗醋的理想原料。甘蔗原醋以新鲜甘蔗汁为原料，经微生物发酵后产生糖和有机酸的关键成分，例如葡萄糖、果糖、乙酸，以及少量的酒石酸、柠檬酸和其他酸。这些关键成分对于儿童的成长和发展至关重要，并将帮助成年人保持高级能量。

二、甘蔗醋的性质

甘蔗原醋具有甘蔗清香味、汁液透亮、呈琥珀黄色、香味浓郁等特点，拥有抗衰老、预防高血压冠心病、增强肠胃功能的作用。甘蔗汁经过发酵后制备成果醋，不仅赋予了甘蔗汁更高的营养价值，且具有特殊风味，有保健功效，为清热、生津、润燥、滋养之佳品。甘蔗醋中含有多种糖类、氨基酸、维生素、矿物质、有机酸等营养成分，还含有种类丰富的酚类物质，按质量浓度从高到低依次为香草醛、香豆素、绿原酸、咖啡酸、阿魏酸、对香豆酸。

三、甘蔗醋的生理功能

甘蔗醋能促进新陈代谢、调节酸碱平衡、消除疲劳，甘蔗醋中含有 10 种以上的有机酸和人体所需的多种氨基酸，醋的种类不同，有机酸的含量也各不相同。醋酸等有机酸有助于人体三羧酸循环的正常进行，从而使有氧代谢顺畅，有利于清除沉积的乳酸，起到消除疲劳的作用。经过长时间劳动和剧烈运动后，人体内会产生大量的乳酸，使人感觉疲劳，如在此时补充甘蔗醋，能促进代谢功能恢复，从而消除疲劳，减少因血液酸化诱发的动脉硬化、高血糖、高血脂及高尿酸等多种疾病。此外，甘蔗醋还有减肥瘦身的作用。

1. 预防高血糖

补充醋酸可降低餐后血糖和胰岛素反应。

2. 甘蔗醋的体外和体内抗癌作用

甘蔗醋是具有较高生理功能水平的优良酸调味料，刺激自然杀伤（NK）细胞的活性，并表现出抑制肿瘤细胞增殖的趋势，甘蔗醋可以提供有抗癌作用的保护，例如抗诱变性，通过凋亡诱导抑制癌细胞增殖，以及刺激 NK 细胞活性。

3. 预防动脉粥样硬化

从饮食角度看，甘蔗醋具有降低血脂的作用，还具有增加高密度脂蛋白（HDL）的作用，因此，通过增加 HDL 水平和减少其他血脂，对预防动脉粥样硬化，从而预防冠状动脉疾病的发生具有作用。

4. 抗氧化活性

甘蔗含有丰富的多酚和类黄酮，在体外具有很强的二苯基苦基苯肼（DPPH）自由基清除能力，甘蔗醋在人体胃肠道环境中的抗氧化活性不仅受到其抗氧化物质的影响，还受到消化液中 pH、蛋白酶、磷酸盐和其他生理因素的影响。

四、甘蔗醋的生产概况

广州红桥万利公司投资成立的广西好青春醋业有限公司于 2016 年 12 月建成年产 5 万

吨甘蔗醋和食醋生产项目并投入试运行，项目以甘蔗汁、酒精为原料，通过调配、灭酶、接种、发酵、超滤等加工工艺，年产2万吨食醋、3万吨果醋，项目建设两条全自动罐装线，每小时可生产28 000瓶醋，建设智能恒温发酵车间，把传统发酵醋工艺与现代科学技术相结合，产品保留原风味，同时提高了产能和产品品质。

五、甘蔗醋的生产工艺

甘蔗汁醋酸发酵及其作用机理研究以甘蔗汁为原料，经果酒酵母发酵后得到甘蔗酒发酵液，再采用醋酸菌进行醋酸发酵，经液态深层发酵，酿制风味独特、营养丰富的甘蔗醋，醋酸发酵时醋酸菌的接种量、初始酒精度、培养温度对发酵产酸率有直接影响，甘蔗醋产酸率的主要影响因素是发酵温度；其次是发酵初始酒精度，醋酸菌接种量的影响最小。

1. 原料调配

采用液体深层发酵法，直接使用酒精与甘蔗汁按照一定比例混合后，进行调配，减去酒精发酵。减少发酵时间，同时也便于控制初始发酵液酒精含量及糖分等。原料使用密闭、无菌罐体盛装，在榨季采购新鲜的甘蔗汁，非榨季则利用罐体存储甘蔗汁进行生产。食用酒精与甘蔗汁在发酵罐内混合调配，混合液酒精浓度约为5%，糖分约为14%。

2. 灭酶

混合后原料进入发酵罐设备，由蒸汽锅炉提供蒸汽在温度80 ℃的情况下灭酶去活。

3. 接种发酵

在常温下将混合料和头醋按一定的比例放入发酵罐密闭发酵，设备自带搅拌器，定时搅拌，将发酵的原料在常温条件下，贮存于不锈钢全密闭发酵罐中。发酵贮存时间为30 d。发酵工艺过程参数为温度30 ℃，pH前期为4～5，中后期为3.5，糖度前期为14%、中后期无糖。

4. 过滤

对发酵期满后的发酵液通过压滤机压滤，实现固液分离。滤渣含水率低于60%，可通过锅炉燃烧。

5. 灭菌、调配

发酵液体经过蒸汽的间接加热进行巴氏消毒灭菌，然后按相应的配方在调配罐中混合制成食用醋和果醋，然后进入灌装生产线。

● 思考题

1. 简述甘蔗醋的生理功能。
2. 甘蔗醋产酸率的主要影响因素有哪些？

第六节　糖蜜饲料

糖蜜含有丰富的糖类及蛋白质等营养物质，是一种优良的饲料原料，糖蜜的适口性好，容易被动物消化吸收，另外还含有多种生物素、氨基酸、维生素、微量元素等物质。糖蜜用作反刍动物饲料不仅利用效率较高，又绿色环保。一方面是糖蜜的甜味可掩盖饲料的不良气味，改善饲料的适口性；另一方面是糖蜜本身的黏稠性和半流动状态使其具有黏结作用，可降低饲料的粉尘率、提高饲料质量。在荷兰、苏格兰、美国和加拿大等奶牛产业比较发达的地区，糖蜜作为常用的能量饲料添加到奶牛日粮中。糖蜜用微生物发酵生产饲料，可提高饲料的粗蛋白含量，并改善其适口性。

【精益求精工匠精神】

弘扬工匠精神，实现奋斗目标，2016年4月26日，习近平总书记在安徽主持召开知识分子、劳动模范、青年代表座谈会时，提出工匠精神。2020年11月24日，在全国劳动模范和先进工作者表彰大会上，习近平总书记对劳模精神、劳动精神、工匠精神做出全面系统深刻阐述。他指出工匠精神不仅是大国工匠群体特有的品质，更是广大技术工人心无旁骛钻研技能的专业素质、职业精神，弘扬工匠精神强调在追求卓越中超越自己。

本章通过对糖蜜发酵酒精的介绍，重点讲解蒸馏知识，通过对蒸馏单元操作的分析，介绍技术要求，教育学生要树立精益求精的工匠精神来完成高纯度乙醇的生产技术任务。培养学生努力把事情做到最好、把技术做成艺术的意识。养成力争把产品和技术做到尽善尽美，绝不会浅尝辄止，更不会敷衍应付的工匠精神。国家强调对精益求精的追求，也是希望中国制造拥有高品质的形象。

第三章
蔗渣的利用

● 学习目标

通过本章学习，了解蔗渣的特性、利用情况和途径，掌握以蔗渣为原料生产纸浆、人造板、糠醛、木糖、阿拉伯糖和蔗渣饲料的生产概况、生产工艺及应用情况，重点掌握蔗渣造纸的制浆方法。通过讲解蔗渣的综合利用途径，引出我国目前清洁能源、非化石能源的使用情况，介绍广西糖厂生物质能源发电的现状，让学生意识到中国作为世界大国在控制碳排放上所做的积极努力，增强学生的大国意识和环保意识。

蔗渣原料的特点与综合利用途径　　　蔗渣综合利用途径

第一节　纸浆

一、概述

制浆造纸工业是我国国民经济中具有明显循环经济特征的重要基础性原材料产业，是国民经济发展中具有战略地位的重要产业，与国民经济发展和社会文明息息相关。中国造纸协会2014年的调查数据显示，全国纸浆总产量7 906万吨，较2013年同比增长3.33%，其中废纸浆6 189万吨，非木浆755万吨，木浆962万吨。随着我国造纸产业的快速发展，造纸纤维原料供给不足、原料结构不合理，已成为制约我国造纸工业发展的瓶颈，也是我国造纸产业发展中的一个棘手问题。

我国是非木材浆生产大国，非木材制浆在我国有着悠久的历史。我国有丰富的非木材资源，常见的有竹子、麦草、芦苇、蔗渣等，比如我国亚热带地区的广东、广西、云南等地有丰富的甘蔗资源；亚热带及温带地区的四川、浙江、湖北、湖南、云南等地有丰富的竹子资源。2017年我国纸浆生产总量为7 949万吨，其中木浆1 050万吨，废纸浆6 302万吨，非木浆597万吨，可见非木浆仍是制浆造纸的重要原料之一。但是目前我国绝大部分非木材浆厂都是用传统的碱法制浆。非木材原料中硅含量比较高，导致制浆黑液黏度高，黑液难以处理，所以造成了一定的环境污染。

二、蔗渣造纸生产概况

广西是我国的产糖大户，利用蔗渣制浆造纸具有得天独厚的优势，是广西糖业综合利用的重点。由于经济落后，当初绝大多数的蔗渣都用作锅炉燃料烧掉，20世纪50年代末，广西开发了用蔗渣制浆造纸的技术，糖厂对供汽锅炉进行改造，用煤代替蔗渣作为供汽锅炉的燃料，蔗渣提供给造纸车间制浆造纸。广西甘蔗糖厂利用蔗渣造纸始于20世纪60年代初期。贵县糖厂于1960年利用自制铁木纸机，开始利用蔗渣造纸，当年生产机制纸77 t，该厂于1962年投资260万元正式兴建造纸车间，有1575型双缸双网纸机1台，设计能力为日产机制纸10 t，实际日产机制纸7 t。同时邕宁县明阳糖厂也于1960年建造日产1 t的铁木纸机生产有光纸，当年产纸26 t，1961年生产99 t，1962年生产132 t，1963年生产175 t，1964年生产50 t，1965年停产。1968年，中央决定在广西柳州兴建一个以蔗渣为原料可生产3.4万吨凸版印刷纸的广西柳江造纸厂，集中了中国第一套引进芬兰潘地亚（Pandia）横管式连续蒸煮设备；C—E—H三段漂白配备有高浓浆泵，Rauma—Repola公司出品的压力洗浆机、低位洗浆机，以及配套的筛、选、洗、漂白的全部设施；抄纸机为芬兰VARTSILA公司出品抄宽为3 940 mm的高速抄纸机；磨木浆车间有5台单链磨机；日处理90 Pd—黑液固形物的碱回收燃烧炉及配套的蒸发、苛化系统；热电站有3台50 t/h的煤粉锅炉。这在当时的中国造纸行业中是屈指可数的技术装备起点较高、年产量较大的工厂。鹿寨糖厂于1969年2月建成1575型双缸双网日产5 t造纸车间，当年生产机制纸562.90 t；1971年4月增加仿红旗型园网日产1 t漂白皱纹卫生纸机1台；1986年4月，增加1台柳州产的日产5 t的1575型双缸双网纸机；1987年4月投产，形成了日产书写纸10 t、卫生纸1 t（年产机制纸3 200 t）的生产能力。桂平糖厂于1969年组织了综合利用小组，自行设计制造日产1 t的小纸机，1971年投产；1973年5月自筹资金增加1台日产5 t的双缸双网纸机投产；1976年和1979年先后各增加上海产1760型10 t长网纸机1台，1981年完善制浆设备；1984年新增双缸双网纸机1台；1985年完善制浆设备。至1985年年末，该厂安装造纸设备投资共1 438万元，现已拥有10 t长网纸机2台，5 t双缸双网纸机2台，形成了日产机制纸30 t（年产机制纸1万t）的生产规模。1990年产机制纸10 269 t，自筹资金增加1台日产5 t的双缸双网纸机投产；其中出口纸502 t；最高产量是1992年产机制纸11 139 t，1993年产机制纸10 134.98 t。田阳县糖厂1971年建成造纸车间并投产，当年产机制纸477.89 t，1972年387.21 t，1973年445.27 t，1974年799.44 t，1975年709.81 t，1976年778.48 t，1977年839.43 t，1978年1 475.59 t，1979年将造纸车间划出成立田阳县造纸厂。合浦县白沙糖厂于1972年新建日产5 t的造纸车间，当年生产有光纸6.68 t，1973年生产21 t；1974年增加一套双面有光纸设备，造纸生产有所改善，当年生产机制纸36.33 t，1975年生产23.45 t，1976年生产14.22 t，1977年生产201.56 t，1978年生产140.77 t，1979年上升到273.47 t，自投产以来均未达到设计能力，由于燃料、动力供应困难，1980年停产。隆安糖厂1974年建成日产1 t的造纸车间，当年试产纸4 t，1975年产纸21.99 t，由于成本高，品质差，1976年停产。恭城糖厂于1979年建成造纸车间，利用蔗渣生产书写纸，有SZ119BZ双缸双网造纸机1台，当年试机，产纸5 t，1980年产纸164.74 t，1981年上升到184.47 t，1982年52.3 t，1983、1984年停产，1985年恢复生产，当年产纸178.75 t，1986年产纸115 t，1987年产纸144.04 t，1990年产纸126.99 t，其中卫生纸10.09 t，1991年生产机制纸202.62 t，其中卫生纸21.47 t，1992年生产机制纸132 t。廖平农场糖厂1987年投资430万元新建日产5 t的造纸车间，生产能力为年产皱纹卫生纸1 300 t，1990年产纸262.86 t，1991年产纸607.14 t，1992年产纸806 t。

1958年筹建南宁制糖造纸厂时附设造纸车间，制糖部分于1960年2月试机投产。后来糖厂下马停产，造纸设备调出。直至1987年，南宁制糖造纸厂为了提高甘蔗的综合利用和开发多种产品以增强企业的市场竞争能力，开始着手造纸工程筹建工作。1987年10月造纸工程通过可行性评估报告，1988年10月破土动工，投资3 000万元，恢复建设造纸车间，设计能力为年产书写纸1万吨，有1575型圆网纸机3台，其中1台设计能力日产5 t，2台为日产各10 t，以及洗浆设备等全套，1990年建成投产，1990年造纸一期工程竣工投产后，依靠自身力量大力发展造纸生产，1993年7月年产1.5万吨1760长网纸机通过系统验收，试机成功投入运行；1995年，南宁制糖造纸厂利用蔗渣配以部分木浆生产出我国第一张蔗渣新闻纸，此项技术填补了国内空白并申请了国家专利。1997年第四抄纸车间1760纸机土建工程及安装工作全面铺开，1998年8月12日出纸。2002年3月年产1.5万吨静电复印纸生产线（原五抄）开工，同年12月下旬试车，形成年产机制纸5万吨的规模。1993年6月制糖造纸厂卫生纸车间开始投产，标志着制糖造纸厂纸产品从单一品种向多元化发展。2012年根据南宁市环保局《关于关闭南宁糖业股份有限公司糖纸厂制浆生产线的通知》（南环字〔2012〕25号文）的要求和公司的部署，于6月退出了制浆生产。2000年南宁糖业投资1.9亿元在蒲庙糖厂建设具有年产3.4万吨漂白蔗渣浆生产线，2001年3月工程项目正式投产后停糖转浆，2002年1月8日更名为"蒲庙造纸厂"，蒲庙糖厂退出了制糖生产，2015年3月关停蒲庙造纸厂。

1998年，广西有蔗渣制浆造纸厂28家（含糖厂造纸车间），年产量达26.8万吨。此后，国家关停了部分没有碱回收、对环境污染大的小型制浆造纸厂，同时大力扶持一些大中型企业的改建和扩建。1999年，贵糖（集团）股份有限公司（原贵县糖厂）投资2.9亿元建设的两条年产4万吨的高级文化用纸技改项目投产，生产市场发展前景良好的高级书写纸和胶版印刷纸，该项目引进了世界上较先进的维美德上浆系统和气垫流浆箱，提高了蔗渣造纸的档次，2003年8月，贵糖股份有限公司投资3亿多元人民币，引进奥地利高速造纸生产线建成年产5万吨生活用纸投产，引进2台安德里兹（ANDRITZ）公司出品新月型高速卫生纸机，抄宽2 700 mm，抄速1 500 m/min，用90%蔗渣浆、10%全漂白桉木化学浆生产生活用纸，年产4.2万吨，标志着广西拥有自主知识产权的蔗渣制浆造纸技术在全球处于领先地位：车速为 1 300～1 500 m/min，高配比达 70% 以上的蔗渣浆生产抄宽 2.7 m 的高档生活用纸，标志着广西蔗渣制浆造纸技术实现了新的突破；2008 年，贵糖利用蔗渣为原料制浆造纸年产量已达到 14 万吨，利用国产短管蒸发器和燃烧炉、苛化工序，创造了蔗渣制浆黑液碱回收率达到 80% 的骄人成果。2001 年南宁糖业股份有限公司的蒲庙造纸厂生产蔗渣纸浆。2003 年南宁糖业股份有限公司投资 2 000 万新建了年产 5.1 万吨的白卡纸生产车间，采用了世界上较先进的多层喷浆流浆箱。广西利用蔗渣造纸的品种又多了一个。2004 年 8 月年横县桂冠糖业有限公司投资 9 000 多万元建成的 3.4 万吨漂白蔗渣浆技改工程，2005 年 6 月顺利投产。2004 年 5 月田阳南华纸业有限公司 9.5 万吨蔗渣浆技改工程项目正式开工，投资额为 3.5 亿元，2006 年 10 月投入试生产，项目试产正常后，可年产 9.5 万吨漂白蔗渣浆，造纸能力为 5 万吨/年，外售漂白浆 6 万吨/年。到 2005 年，广西年产蔗渣浆达 45 万吨/年，其中贵糖（集团）股份有限公司年产蔗渣浆 20 万吨/年、纸 15 万吨/年，南宁糖业股份有限公司年产蔗渣浆 12 万吨/年、纸 15 万吨/年。

广西东亚纸业有限公司是由（香港）东亚置业有限公司及广西东亚糖业集团有限公司旗下所属广西扶南东亚糖业有限公司、广西驮卢东亚糖业有限公司、广西崇左东亚糖业有限公司、广西宁明东亚糖业有限公司、广西海棠东亚糖业有限公司 6 家公司共同出资组建的中外合资企业，2005 年 10 月开工建设 9.5 万蔗渣文化纸项目，总投资约 8 亿元人民币，第一期投资近 5 亿元人民币，年产 6 万文化纸，二期工程完工后可年产 9.5 万吨文化纸。工程建设主要包括制浆车间、造纸车间、热电站及污水处理厂 4 大部分，主要工艺为：制浆车间采用湿法堆料及国内第一条黑渣连续蒸煮制浆生产线；造纸车间为两台 2 640 mm×450 mm 文化纸机；热电站配置两台 50 t/h 循环流化床（CFB）锅炉及 2×6 000 kW 发电机组；污水处理厂采用厌氧+耗氧+生物处理技术，以蔗渣为主要原料，主要生产产品为漂白蔗渣浆、印刷书写纸、复印纸等中高档文化用纸以及食品包装纸。2018 年 7 月东亚纸业被华劲集团收购。

2005 年 8 月，广西来宾东糖纸业有限公司投资 9.2 亿元建设年产 9.8 万吨文化用纸项目，项目主要建设蔗渣原料场、制浆车间、造纸车间、碱回收车间、热电站、给排水工程、污水处理站及配套供配电、综合仓库、维修车间、综合楼等。项目全套生产线选用国内外先进的制浆、造纸设备和工艺，配备高精度 DCS、QCS 等控制系统，以期实现生产流程及产品质量的全过程在线监测和自动控制。2007 年 6 月 15 日，制浆生产线顺利进行试机投料生产，于 2007 年 8 月 18 日，文化纸机抄造出公司第一卷纸。2012 年 9 月投资 3.98 亿元建设 6 万吨生活用纸技改项目，该项目分三期建设，一、二期建设内容为利用公司现有的漂白蔗渣浆和竹木浆为主，建设抄造生活用纸加工生产线。主要包括浆料设备、造纸及后加工车间、白水回收、成品库等。建设规模：一期年产 4 000 t、二期年产 1.6 万吨盘纸、卷筒纸，共安装了 13 台纸机，其中 3 台为从广西来宾东糖造纸公司拆迁的 1880 型纸机，10 台为新购的 1880 型号纸机，于 2013 年 11 月开始试生产，两条生产线年产 2.1 万吨卫生纸。由于制浆过程采用的传统液氯漂白工艺，已不能适应国家新的环保政策，2018 年 4 月中旬投资 8 000 多万元建设无元素氯漂白技改项目，项目主要建设内容为将 1 号、2 号制浆生产线 CEpH 漂白工艺改造为无元素氯（ECF）漂白工艺，并新建 6 t/d 二氧化氯制备车间、氯酸钠库、甲醇库及一套450 Nm³/h制氧站，2019年5月底项目竣工投产。目前生产规模为年产漂白浆14万吨、文化用纸8万吨、生活用纸2.3万吨。主要利用本集团内部丰富的蔗渣为原料，桉木片为辅助原料，生产漂白蔗渣（桉木）浆、本色浆、生活用纸等系列产品。

广西农垦糖业集团华垦纸业有限公司其前身是分别于2008年成立的广西农垦集团天成纸业有限公司和2009年10月成立的广西农垦集团华成纸业有限公司，天成纸业生产纸浆，华成纸业造纸，均由广西农垦糖业集团和广西来宾华耀浆纸有限公司共同出资兴建，其中天成纸业农垦糖业持股70%，来宾华耀持股30%，华成纸业来宾华耀持股70%，农垦糖业持股30%，两厂建成后天成纸业与华成纸业合并成立华垦纸业，来宾华耀持股51%，农垦糖业持股49%。公司以农垦糖业集团旗下的红河、柳兴和黔江三家糖厂的蔗渣为原料加工生产纸浆，进而深加工生产文化用纸。2008年10月，公司投资5.4亿元建设年产9.5万吨漂白蔗渣浆和年产20万吨高级文化纸项目，是广西目前生产规模最大的蔗渣制浆项目，项目采用连续蒸煮、封闭筛选、二氧化氯漂白、厌氧好氧生化处理的环保技术和全自动化DCS自动控制系统生产蔗渣浆。20万吨高级文化用纸项目主体设备上选择了国内先进水平的抄宽3 600 mm长网多缸文化纸机，关键设备从国外引进进行生产，纸机采用顶网真空吸移压榨，膜式转移施胶，可控中高软压光等先进技术装备；传动部采用ABB公司的交流变频分步传动及DCS、QCS先进自动控制技术。项目于2008年12月正式开工，2010年12月，年产9.5万吨漂白纸浆项目建成试产。2011年各车间工段进行调试、磨合、平衡和完善，当年共生产蔗渣浆7.52万吨，完成产值34 987万元，经营亏损7 739万元。

2004年凤糖公司新建广西凤糖鹿寨纸业有限责任公司（以下简称"鹿寨纸业公司"），利用下属制糖企业副产品蔗渣为原料生产漂白蔗渣浆，设计能力为年产漂白蔗渣浆10万吨，一期5万吨项目，所生产的"网山牌"漂白蔗渣浆产品主要作为文化、生活用纸方面的制造原料。2019年以前制浆生产是采用间歇蒸煮、烧碱+助剂法制浆生产工艺、洗浆采用鼓式真空洗浆机四段逆流洗涤、漂白采用改良三段漂+双氧水（C—Ep—H）漂白工艺，为满足生产及环保的需求，2018年6月鹿寨纸业公司对原有常规三段漂技改为国内比较先进的ECF无元素氯漂白工艺，蔗渣浆产量和质量得到进一步提高。鹿寨纸业公司销售市场区位优势明显，是广西地理位置最靠北的蔗渣浆厂，在桂中、桂北甚至湘南，有很强区位竞争优势，在蔗渣浆市场不景气情况下，仍能保持全年满负荷生产。2019/2020年榨季，鹿寨纸业公司漂白绝干浆产量41 817.87 t，实现主营业务收入1.13亿元，吨浆单位生产成本同比下降441.75元，吨浆环保费用同比下降119.61元。鹿寨纸业公司自2004年3月建成投产到2019年的16年间，工业总产值达271 834.22万元，实现销售收入229 026.27万元，实现利税17 193.6万元。

田阳南华纸业有限公司是洋浦南华糖业集团收购国营企业田阳县造纸厂后改制重组的子公司，2005年3月投入3.14亿元新增建设9.5万t蔗渣浆技改项目，次年10月项目投产，主要生产漂白蔗渣湿浆、低定量书写纸、文化纸。2018年投入1.08亿元对原有的漂白工艺进行技改，采用无元素氯（ECF）漂白工艺代替以氯气为漂白剂的传统CEH漂白工艺，大量减少了可吸收性卤素化合物AOX（包括二噁英）的产生；为解决9.5万吨蔗渣浆生产线不能连续均衡运行问题，2010年年底投入2 061万元新增一台75 t/h循环流化床锅炉，该锅炉能适应多变煤种，燃烧稳定，燃烧效率达98%～99%。2020年投入325万元实施了燃煤锅炉改生物质燃料炉技改项目，将木材边角余料等生物质燃料与原煤混烧，年节约标煤达 6 000 t 以上、减少碳排放量 16 620 t 以上。近年来根据市场需求灵活调整产品结构，将生产模式定位为"小而精"，增加了漂白蔗渣浆板、漂白竹木湿浆（浆板）等产品。

2009 年 6 月龙州县南华纸业有限公司开始筹建年产 9.5 万吨漂白蔗渣浆项目，总投资 7.64 亿元，2012 年 7 月份投产，设计产能为年产 9.5 万吨漂白蔗渣浆，主要生产漂白蔗渣湿浆。企业生产流程采用国内先进的"连蒸系统＋二氧化氯漂白工艺"，符合全新的国家环保标准，生产的漂白蔗渣浆品质优良、质量稳定，2020 年实现工业总产值约 2.8 亿元，利润 4 100 万元。

2012 年 9 月广西博冠纸业年产 5 万吨漂白蔗渣浆项目通过验收，项目采用了华南理工大学陈克复院士团队研发的具有自主知识产权的中浓纸浆清洁漂白技术与关键设备，生产流程灵活，起点高，属于国家鼓励类项目。2011—2020 年广西蔗渣浆产量如图 3-1 所示。

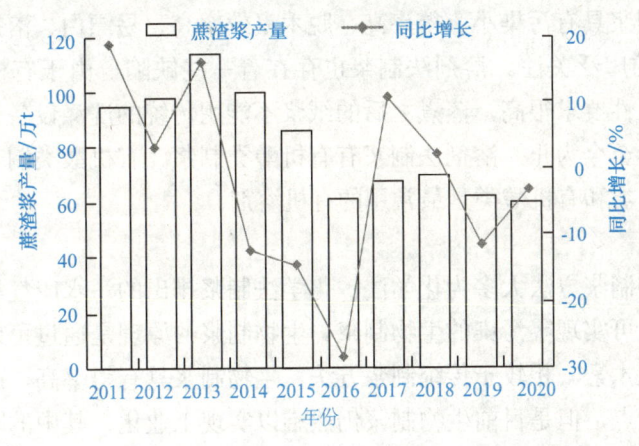

图 3-1　2011—2020 年广西蔗渣浆产量

三、蔗渣制浆方法

蔗渣的主要成分为纤维素、半纤维素和木素，其中纤维素占 32%～48%、木质素占 23%～32%、半纤维素占 19%～24%、蛋白质约占 2%、灰分约占 1%，相对于麦草、稻草，其灰分含量较少，有利于黑液中碱的回收。蔗渣是一种优质的造纸原料，蔗渣制浆可采用化学方法中的亚硫酸盐和碱法，也可采用溶剂制浆、生物制浆、化学机械制浆等，但目前仍以碱法为主。碱法制浆适应条件广，工艺成熟，可生产高强度和较高白度的纸浆，在造纸工业中占据着统治地位。但传统碱法蒸煮，制浆得率低，大部分硅溶于黑液，造成黑液黏度高、蒸发结垢严重、碱回收效率低。制浆造纸行业一直在不断探索和寻求可以节约原料和投资、降低生产成本、减少环境污染的高得率制浆的生产方法。

1. 碱法制浆

碱法制浆是极其成熟的化学制浆方法，它是一种应用碱性溶液蒸煮植物纤维原料的化学制浆方法。碱法制浆常见的有氧碱法、氨法、石灰法、硫酸盐法、亚硫酸盐法、烧碱法等，其中硫酸盐法制浆由于其严重的污染问题已经很少应用于非木材制浆。而传统碱法制浆存在得率低、碱回收率低、环境污染严重等问题，单独的碱法制浆已经很少用于蔗渣制浆，目前多采用的是改进的碱法制浆，比如添加了助剂的碱法制浆。

2. 亚硫酸盐法制浆

亚硫酸盐法制浆最早见于1867年，主要是以硫和石灰石为原料制浆，其主要机理是通过亚硫酸盐使木素磺化，从而提高木素的亲水性以达到脱木素的目的。木素降解程度低，所以亚硫酸盐法制浆得率高。但是由于亚硫酸盐法的高污染及纸浆强度低，适用性并不高。直到1940年以后，亚硫酸盐法经过了不断的改进，才取得了较好的制浆效果，得到了广泛的应用。亚硫酸盐法主要分为酸性亚硫酸盐法、亚硫酸氢盐法、中性亚硫酸盐法和碱性亚硫酸盐法。

3. 有机溶剂法制浆

生物质原料在非水介质中脱木素即为有机溶剂法制浆。相较于硫酸盐法、亚硫酸盐法制浆，有机溶剂制浆具有污染小、得率高、脱木素效率高、易漂白、溶剂可回收的优势，从而引起了人们的广泛关注。溶剂法制浆也存在着一些缺陷，由于有机溶剂易挥发的特性，对设备的密闭性要求很高，蒸煮之后的纸浆不能用传统的洗涤设备，目前溶剂法制浆尚处于试验阶段。至今为止，溶剂法制浆有有机醇类制浆、有机酸类制浆、酚类制浆和酯类制浆等，其中醇类和有机酸类是最常用的有机溶剂。

4. 生物制浆

目前世界上的制浆方法大多为化学法，化学法制浆排出的污水废气等对环境有很大的污染，所以提出了可实现零污染的生物制浆。生物制浆的原理是通过可以降解木素的微生物进行选择性的脱木素。相较于传统制浆方法，生物制浆具有得率高、成本低、易处理、可实现零排放等优点，但是目前生物制浆仍然难以实现工业化，其中的阻碍主要有木素相较于纤维素、半纤维素更难生物降解；培养能生成木素降解酶的微生物比较难生产；在微生物降解木素的同时也会降解碳水化合物。目前生物制浆一般是采用微生物或者酶对原料进行处理，然后与对应的化学、机械等制浆方法相结合的过程，生物制浆的研究主要分为生物酶法和生物菌法。

5. 高得率制浆

高得率制浆发展于传统的机械浆，其制浆得率一般高于75%。常见的高得率制浆一般有机械法、化学机械法、半化学法、爆破法制浆等。传统机械法制浆虽然得率高，但是不适用于非木材，并且纸浆强度低，适用范围小。而化学机械法相对来说原料适应性广、纸浆适用性广。

6. 蒸汽爆破法制浆

蒸汽爆破法制浆是指在高温高压的蒸汽作用下，木素软化、半纤维素降解，在骤然降压时纤维空隙中的气体快速膨胀，形成了爆炸的效果，从而达到分散纤维脱离木素的效果。

四、蔗渣氧碱法制浆

1. 氧碱法制浆概述

氧碱法制浆是一种新型的制浆方法，主要是在氧气和氢氧化钠的协同作用下处理纤维原料。在蒸煮过程中存在固、液、汽的三相反应体系，在此过程中，药液和氧气的渗透程度直接影响纤维内部的反应进程，进而影响制浆效果。

20世纪，国内外学者对氧碱法制浆进行了研究，研究结果表明，相比较木材纤维结构致密，非木材纤维原料结构疏松，有利于氧的渗透，适合采用氧碱法制浆，并且可以很好地解决传统碱法制浆存在的问题。氧碱法制浆用于蔗渣制浆造纸，可以生产出高强度和较高白度的纸浆。

针对传统碱法的缺点，我国造纸从业者进一步提出了氧碱法制浆的造纸工艺。新型的氧碱法制浆工艺更加适用于非木材纤维原料，不仅节约能耗，大幅度降低了蒸煮温度；同时在获得较好的强度和得率的条件下，白度较高，适合后续ECF和TCF漂白，大大减少后续漂白废水的排放，有利于环境的保护；而且能够有效降低黑液的硅含量，便于后续回收处理，同时黑液中木素含量较高，有利于后续产物的利用，氧碱法制浆的发展对于蔗渣造纸的工业化进程有着重大的意义。

2. 氧碱法制浆过程中的化学反应

（1）氧碱法制浆制浆中自由基的产生与脱木素原理：

$$O_2+e\text{（from the substrate）} \longrightarrow O_2\cdot$$

$$O_2+2e+2H^+ \longrightarrow H_2O_2$$

$$M(n-1)+H_2O_2 \longrightarrow M(n+1)+OH^-+HO\cdot$$

$$HO\cdot+H_2O_2 \longrightarrow H_2O+HO_2^-$$

$$HO\cdot+HO_2^- \longrightarrow H_2O+O_2^-\cdot \tag{3-1}$$

氧碱法制浆是在氧脱木素基础上发展起来的，在制浆过程中，同样涉及$HOO\cdot$、O_2^-和$HO\cdot$等自由基的生成，其中O_2^-和$HO\cdot$协同作用使木素脱除。当氧分子吸收了一定量的能量时，它可以被激发形成单线态氧，它在与其他物质接触之前已衰变为基态氧。基态氧被激发并接受一个电子形成O_2^-，基态氧继续接受电子或质子会形成$HO\cdot$和一系列活性含氧物质。$HO\cdot$可与芳香环上的π电子结合生成环己二烯基加合物，O_2^-转移一个电子给不饱和环己二烯基加合物，从而形成$O_2^-\cdot$。金属离子的催化作用下，O_2^-发生歧化反应生成H_2O_2和$HO\cdot$。又在O_2作用下，强氧化性$HO\cdot$与木素亲电加成生成羟基环己二烯自由基和O_2^-，由此可见$HO\cdot$与O_2^-的产生是相互联系的。具体关系如式（3-1）所示。

$HO\cdot$的强氧化性使其可以与蔗渣中的大部分物质反应，$HO\cdot$攻击富含电子的芳香环和烯烃结构，也可以与木素的侧链发生反应，形成不稳定的自由基结构。在氧碱制浆环境中，这种不稳定结构可以失去电子发生氧化降解或生成易降解的产物。如羟基进攻酚型木素形成酚氧自由基结构，共振结构可以转移自由基到含羟基的C的邻位和对位上。这些自由基成为新的氧气和含氧自由基亲电攻击的位置，从而导致键和环的开裂，然后形成羧酸和酯。而当木素侧链上存在高电子云密度的位置时，羟基自由基亲电进攻烯烃结构，邻位碳原子的C—C键断裂，形成两个α基化合物和侧链的消除部分。

O_2^-由于氧化电势低，对木素的作用力较差，但在与$HO\cdot$协同作用下也能有效降解木素。芳香环在$HO\cdot$进攻下，形成环己二烯自由基，环己二烯自由基可以与O_2^-加成，进而形成木素过氧阴离子，随后发生开环或断裂共轭双键。O_2^-的寿命相对于$HO\cdot$较长，可以扩散进入纤维内部。此外，在金属离子的催化作用下，O_2^-又能歧化产生$HO\cdot$，从而可以更有效地降解纤维内部的木素。

（2）氧碱法制浆脱木素选择性。脱木素的选择性一般用脱木素前后，浆料木素的脱除率与黏度降低率的比值来表示。在氧碱法制浆过程中，脱木素选择性差的自由基往往导致所得浆料的质量不如人意，如HOO·、HO·等基团。基于以上现状，有必要对不同工艺实施方式、制浆过程中碳水化合物降解机理进行探究，从而找到减少制浆过程中碳水化合物降解的有效方式，进行相应的技术创新以改善成浆性能。目前阶段，提高氧碱法制浆过程中脱木素选择性主要从以下3点进行突破：第一，优化调整蒸煮工艺参数；第二，添加纤维保护剂，如碳酸镁、蒽醌、自由基控制剂等；第三，对纤维进行预处理。

五、蔗渣制浆前预处理方法

在进行制浆之前，合适的预处理方法有着提高纸浆得率、提升浆料性质、节约药品等优点。因此，预处理已经成为制浆过程前的重要环节，不同的预处理方法对制浆过程的影响也不尽相同。近年来，制浆预处理方法主要有碱预处理、硫化钠预处理、氧化预处理等化学预处理方法，有诸如挤压预处理、微波预处理、真空预处理等物理预处理方法，有酶预处理、湿法推存等生物预处理方法。

化学法预处理主要通过一系列的化学反应，在制浆前脱除部分木素，为后续的处理提供有利的条件。以NaOH预处理为例，在经过碱液的预处理后，绝大多数活化能较低的木素被提前脱除，同时增加木素的游离酚羟基，降低残余木素的活化能，使蒸煮时木素的脱除更为容易。碱液预处理温度大多数较低，不足以达到剥皮反应和碱性水解的条件，因此在预处理阶段，纤维素和半纤维素的降解较少，部分小分子碳水化合物的降解反而为后续的蒸煮创造有利的条件。溶出的木素碎片和碳水化合物，使得原料结构更为疏松，增大后续蒸煮药液的渗透程度，也为木素的降解溶出提供更大的传质通道，增加蒸煮效率。

物理法预处理主要通过物理方法来使原料变得疏松多孔，蒸煮更为容易。以微波预处理为例，微波处理是压力蒸汽通过胞间层而没有损坏细胞壁，通过蒸汽压力破坏纤维之间的连接，使得半纤维素的部分溶出，结构原料更为疏松，提高药液的可渗透性，有利于制浆药液的扩散。

近年来，随着生物科技的大力发展，生物法预处理已经成为现代制浆技术中一个比较活跃的方向，主要依靠生物酶、真菌等作用脱除木素，使得纤维的分离更为容易。与其他制浆预处理方法相比，生物法预处理降解木素所需的条件较为温和，同时能够有效减少后续漂白过程中药品的用量，从而减轻废水污染。

思考题

1. 简述几种主要的蔗渣制浆方法。
2. 蔗渣制浆前预处理方法主要有哪些？

第二节 人造板

一、概述

人造板（Wood based panel）是以木材或其他非木材植物为原料，经一定机械加工分离成各种单元材料后，施加或不施加粘合剂和其他添加剂胶合而成的板材或模压制品。主要包括胶合板、刨花（碎料）板和纤维板3大类产品，其延伸产品和深加工产品达上百种。

人造板的诞生，标志着木材加工现代化时期的开始。此外人造板还可提高木材的综合利用率，1 m^{3}人造板可代替3～5 m^{3}原木使用。人造板生产工艺技术的提高使得木材加工产业飞速发展，人造板的优点突出，不易变形、尺寸固定、锯裁均匀、鲜少开裂、可以直接数控加工成型、功能性较强，阻燃、防腐、防潮、抗变形、耐磨等功能特别好，易于造型，厚度密度适宜，因此人造板在过去的时间里得到了广泛的应用。

人造板材的制造是一个全球性的行业。因此，用于生产的木材/农业纤维的种类取决于现有的资源，并且是多种多样的，如刨花板、硬板和中密度纤维板，大多采用针叶木（裸子植物）物种，即松树、云杉和花旗松。同时，其他各种软木材/硬木品种，如山毛榉和桦木，以及农业作物残留物也经常使用。一般来说，人造板不会仅由一种材料制造。相反，在人造板生产过程中需要定量调配的混合材料。传统上，人造板行业是在林产品行业的残留物上运作的。随着技术的进步，人们对砍伐森林、焚烧农作物秸秆和其他环境问题的担忧也在增加，使用农业残留物作为非贴面复合板材的替代原料也在增加。目前小麦秸秆、蔗渣（甘蔗）、黑麦草秸秆等农作物残留物都被用于生产非木材人造板。但无论使用的原材料的形式或种类如何，在面板生产之前都需要准备不同阶段的配料。

二、人造板的性质特点

人造板材是利用天然木材和其加工中的边角废料，经过机械加工而成的板材。在生产过程中绝大部分采用脲醛树脂或改性的脲醛胶，这类胶粘剂具有胶接强度高、不易开胶的特点，但它在一定条件下会产生甲醛释放。人造板具有以下特点。

（1）幅面大，结构性好，表面平整光洁，施工方便。

（2）膨胀收缩率低，尺寸稳定，材质较锯材均匀，不易变形开裂。

（3）作为人造板原料的单板及各种碎料易于浸渍，因而可进行各种功能性处理（如阻燃、防腐、抗缩、耐磨等）。

（4）范围较宽的厚度级及密度级适用性强。

（5）弯曲成型性能好。

由于人造板的应用多种多样，用于黏合这些产品的胶粘剂系统各不相同。一般使用4种胶粘剂：脲醛（UF）、三聚氰胺甲醛（MF）、苯酚甲醛（PF）和聚合二异氰酸酯（MDI）。

在这些胶粘剂中，UF 是最便宜和应用最广泛的，用这种胶粘剂制成的复合材料的耐久性通常很差。因此使用 UF 黏合复合材料的产品不能在水接触风险高的环境中使用。MF 树脂虽然比 UF 树脂贵，但也更耐潮湿，使用 MF 的产品可以偶尔在潮湿的情况下使用。在 UF 树脂中加入 MF 树脂，即 MUF 树脂，已越来越普遍。这种混合材料虽然比 UF 材料贵，但表现出了更高的性能，使得最终产品能够以更高的价格出售。PF 树脂比 UF、MF 或 MUF 树脂具有更强的耐久性。添加 PF 的产品适合外部应用。

三、人造板的生产概况

广西机糖厂利用蔗渣生产纤维板始于 20 世纪 80 年代初期，最早是红河农场糖厂于 1981 年投资 164 万元，建设年产 2 000 m³ 的硬质纤维板车间，1982 年 4 月建成投产。横县糖厂 1981 年土法生产蔗渣纤维板，1986 年正式建设年产 2 500 m³ 的硬质蔗渣纤维板车间。良圻农场糖厂 1984 年由联合国难民署资助 40 万美元，加上自筹资金 120 万元，建成年产 3 500 m³ 的蔗渣碎粒板车间。来宾县迁江糖厂 1985 年投资 210 万元，建成年产 3 500 m³ 的蔗渣碎粒板生产线，1989 年 8 月投资 15.3 万元，扩产到 5 000 m³。宾阳县大桥糖厂 1988 年 6 月投资 978 万元，建设年产 1 万立方米的蔗渣碎粒板车间，搞好"三通一平"后国家压缩基本建设投资而停建。1989 年 6 月 15 日，自治区经济委员会桂经字〔1989〕152 号文件批准续建，1991 年 6 月 6 日正式投产，实际投资 1 405.64 万元。贵港第二甘蔗化工厂、大桥糖厂分别于 1989 年、1992 年建成年产 1 万立方米蔗渣纤维板车间和年产 1.2 万立方米蔗渣碎粒板车间，成为当时广西蔗渣纤维板生产能力最大的两个厂家。20 世纪 80 年代后期到 90 年代初，一些糖厂还进一步建设蔗渣纤维家具生产车间或分厂。1988 年迁江糖厂在生产蔗渣碎粒板基础上，建起蔗渣纤维家具生产线，开发利用甘蔗渣作为原料生产饭桌等家具。1991 年百色市糖厂、西江农场糖厂先后兴建蔗渣纤维家具生产车间，利用蔗渣作为原料生产模压圆凳、圆台、折叠椅、学生课桌等，其中西江农场糖厂年生产能力为 1.2 万张（套）。百色市糖厂生产的蔗渣模压圆凳、圆台、折叠椅等产品于 1991 年 11 月参加全国"七五"星火计划成果博览会展出，荣获银奖。到 1993 年年底，全自治区有 8 家糖厂建设有蔗渣纤维板、碎粒板车间。之后由于市场的变化，均已停产。

四、人造板的生产方法

（一）人造板种类

人造板主要包括胶合板、刨花（碎料）板和纤维板 3 大类产品，其延伸产品和深加工产品多达上百种，对每种产品生产所需要用的原材料及生产方法概括总结如下。

（1）胶合板由蒸煮软化的原木，旋切成大张薄片，然后将各张木纤维方向相互垂直放置，用耐水性好的合成树脂胶黏结，再经加压、干燥、锯边、表面修整而成的板材。其层数成奇数，一般为 3～13 层，分别称三合板、五合板等。用来制作胶合板的树种有椴木、桦木、水曲柳、榉木、色木、柳桉木等。

（2）纤维板是将树皮、刨花、树枝等废料经破碎、浸泡、研磨成木浆，再经加压成型、干燥处理而制成的板材。因成型时温度和压力不同，可以分为硬质、半硬质、软质3种。

（3）刨花板是利用施加或未施加胶料的木刨花或木纤维料压制成的板材。刨花板密度小、材质均匀，但易吸湿、强度低。

（4）细木工板是利用木材加工过程中产生的边角废料，经整形、刨光施胶、拼接、贴面而成的一种人造板材。板芯一般采用充分干燥的短小木条，板面采用单层薄木或胶合板。细木工板不仅是一种综合利用木材的有效措施，而且得到的板材构造均匀、尺寸稳定、幅面较大、厚度较大。除用于表面装饰外，也可兼作构造材料。

（5）其他关于人造板：人造板所用原料，除胶合板需用原木外，大部分来自采伐和加工剩余物，以及小径材（直径在 8 cm 以下）。经破碎或削片、再碎后制成的片状、条状、针状、粒状材料可用于刨花板制造。木片经纤维分离后用于纤维板制造。这样可使木材利用率较传统利用方式提高 20%～25%。20 世纪 70 年代开始利用树皮、木屑作为人造板原料，但树皮只能用在刨花板中层，用量不能超过 8%，否则会降低产品强度。此外，非木质材料也日益受到重视，除蔗渣、麻秆等在人造板生产中早已被利用外，还扩展到多种植物茎秆及种子壳皮。

（二）人造板加工工艺

人造板的制作工艺包括切削加工、干燥、施胶、成型和加压、最终加工，而对于非木材植物人造板如蔗渣人造板，需要经过除去蔗髓处理后才能进行下一步操作。

1. 切削加工

原材料处理和产品最终加工，都要应用切削工艺，如单板的旋切、刨切，木片、刨花的切削，纤维的研磨分离，以及最终加工中的锯截、砂磨等。将木材切削成不同形状的单元，按一定方式重新组合为各种板材，可以改善木材的某些性质，如各向异性、不均质性、湿胀及干缩性等。大单元组成的板材力学强度较高，小单元组成的板材均质性较好。精确控制旋切单板的厚度误差，可提高出材率 2%～3%。切削出的刨花形态影响刨花板的全部物理力学性能；纤维形态对纤维板的强度同样有密切关系。板材最终的锯切、磨削等也影响产品的规格质量。

2. 干燥

干燥包括单板干燥、刨花干燥、干法纤维板工艺中的纤维干燥，以及湿法纤维板的热处理。干燥的工艺和过程控制与成材干燥有所不同。成材干燥的过程控制是以干燥介质的相对湿度为准，必须注意防止干燥应力的产生；而人造板所用片状、粒状材料的干燥则是在相对高温、高速和连续化条件下进行的，加热阶段终了立即转入减速干燥阶段。单板及刨花等材料薄、表面积大，干燥应力的影响很小或者不存在。加之在切削过程中木材组织发生不同程度的松弛，水分扩散阻力小，木材内部水分扩散规律对单板、刨花等就失去意义。

3. 施胶

施胶包括单板涂胶、刨花及纤维施胶。单板涂胶在欧洲仍沿用传统的滚筒涂胶，美国自20世纪70年代起许多胶合板厂已改用淋胶。中国胶合板厂也用滚筒涂胶。淋胶方法适宜于整张化中板和自动化组坯的工艺过程。刨花及纤维施胶主要用喷胶方法。70年代末期，欧美一些国家研究无胶胶合技术，较有进展的是使木分子活化，在一定条件下利用木素胶合；或者利用木材或其他材料中的半纤维素，经处理使之转化为胶结物质进行胶合。80年代初，加拿大成功地利用蔗渣制成了无胶刨花板。中国的研究院和大学也都在进行无胶胶合技术的研究，并取得初步成果。

4. 成型和加压

胶合板的组坯，刨花板纤维板的板坯成型和加压，都属于人造板制造的成型工艺。木材学对木材构造的研究揭示了木纤维在天然木材中的排列方式有层次性和方向性，因而能承受自然界对木材所施加的一定限度的外力。人造板制造工艺的演变，无疑受到这一认识的影响：刨花板、纤维板板坯层次由单层改变为3层及多层结构；板坯中刨花及纤维的排列也由随机型趋向于定向型；而胶合板的相邻层纤维方向互相垂直排列则改善了木材在自然生长条件下形成的各向异性缺点，提高了尺寸稳定性。

加压分预压及热压。使用无垫板系统时必须使板坯经过预压。它使板坯在推进热压机时不致损坏。热压工序是决定企业生产能力和产量的关键工序，人造板工业中常用的热压设备主要是多层热压机，此外，单层大幅面热压机和连续热压机也逐渐被采用。刨花板工厂多用单层热压机，中密度纤维板制造中使用单层压机就可以实现高频和蒸汽联合使用的复式加热，有利于缩短加压周期和改善产品断面密度的均匀性。

5. 最终加工

板材从热压机卸出后，经过冷却和含水率平衡阶段，即进行锯边、砂光，硬质纤维板需经热处理及调湿处理。以前板材锯边都是冷态锯切，也用热态锯切法，但绝不能采用热态砂光方法，热砂会损坏成品表面质量。根据使用要求，有些板材还需进行浸渍、油漆、复面、封边等特殊处理。

人造板的功能性处理是在制造过程中引入各种添加剂。最常见的是防潮剂、防火剂或防锈剂。最常用的添加剂是防潮剂或施胶剂，通常是蜡乳液。施胶剂可以延缓水的渗透速度，保护复合材料不被意外润湿，同时还可以辅助二次黏合操作。在标准的24 h水浸试验中，施胶剂的加入也大大提高了复合材料的性能。阻燃剂虽然不如防潮剂常见，但偶尔也会添加到复合材料面板中。然而，它们的使用也会带来其他不利影响，如增加复合吸湿性。像硼酸锌这样的化合物，除了抑制火灾，还具有抑制真菌生长的特点。在人造板制造的各个阶段都可以添加阻燃剂、防腐剂和防潮剂。

五、非木材植物人造板

根据我国相关部门的调查，我国非木材植物纤维的种类有50多种，其中就有40多种是农业剩余物，例如：蔗渣、棉秆、麻屑、竹屑、秸秆等。燃烧、造纸、饲料等是我国农作物最主要的几种用途，但是由于产量较大，并且受到季节等因素的影响，使用率较低，导致资源没有得到有效的利用。我国人造板行业中，根据人造板结构的差异，已经对非木材植物纤维原料进行了有效的研究，非木材植物纤维原料人造板包括非木材植物纤维板、非木材植物碎料板、非木材植物胶合板、非木材植物复合板等几大类，根据原料的不同，人造板的种类也不同。一般用于室内的装修、家具制造、墙体材料、建筑材料等方面。

以蔗渣人造板为例，蔗渣是糖厂的很大一部分副产品，占甘蔗的24%~27%（其中含水分约50%），每生产出1t的蔗糖，就会产生2~3t的蔗渣。蔗渣来源集中，产量大，是取之不尽、用之不竭的再生性资源。蔗渣含有丰富的纤维素，而含木质素较少，故蔗渣作为一种纤维原料具有很大的优越性。

1. 无胶（自生胶）蔗渣人造板

蔗渣由维管束、表皮、蔗髓构成，前两者影响蔗渣板材物理力学性能和板材强度，后者对板材质量带来不利影响，因此在生产中除髓是一道重要的工序。蔗渣板材的类型主要有覆塑蔗渣瓦楞板和自生胶蔗渣碎料板。覆塑蔗渣瓦楞板主要用于室外场所，如一些简单的凉棚、车棚或者临时搭建的房屋，用作屋面材料。自生胶蔗渣碎料板利用蔗渣本身所含糖类物质在适当条件下转化成胶结物质，能够生产无须胶粘剂的板材，该研究尚处于开发阶段，有很大的发展空间。

2. 蔗渣纤维板

蔗渣含有较高的纤维素和木素含量，是制作高密度板材的理想原料。蔗渣人造板按其密度可分为3类：低密度板（密度为300~450 kg/m³）、中密度板（密度为450~880 kg/m³）、高密度板（密度为≥880 kg/m³）。蔗渣纤维板生产一般采用湿法工艺，工艺流程为蔗渣蒸煮与热磨—调浆—成型—热压—锯边。制造纤维板会产生大量的废水，处理费用比较高，故现在越来越推行蔗渣制碎料板。

3. 蔗渣刨花（碎料）板

我国利用蔗渣生产人造板始于20世纪80年代。用蔗渣制纤维板在我国已有较长的历史，而以蔗渣为原料制造碎粒板是近些年才发展起来的。和蔗渣纤维板相比，蔗渣碎料板有以下优越性：一是它的板材规格较多；二是它的用途广泛；三是它的生产没有废水污染环境；四是它的生产工艺简单，需要设备和动力较少。蔗渣碎料板的生产流程：打包蔗渣—开包—次气流分选与除髓—中渣气流干燥—二次气流分选。

六、人造板的应用

我国人造板主要用于建筑装饰装修、家具、地板、门窗，以及包装材料等领域。其中，我国人造板在家具生产和室内装饰装修中的用量占比最大，其余主要用于建筑、包装和集装箱底板等。在室内装修、家具制作领域使用的人造板多为二次加工饰面后的人造板，其中胶合板和细木工板饰面方式主要是油漆和表面贴覆装饰纸，纤维板饰面方式主要是油漆、表面贴覆装饰纸和PVC，刨花板饰面方式主要是表面贴覆装饰纸，而定向刨花板（OSB）主要是直接油漆饰面或表面贴单板后再油漆饰面。

纤维板凭借其优良的表面二次加工性能，以及幅面尺寸多元化等优点，主要用于室内装修及家具、橱柜、定制衣柜等方面，在音响及体育用品方面也有应用。近年来，随着定制家居产业的快速发展，我国刨花板以其质轻、强度适中、幅面规格多元化等特点，在定制家居得到前所未有的应用，整个产业一度呈现快速的增长。OSB主要用于室内装饰、包装、集装箱底板和木结构房屋，而在北美、欧洲，OSB 则主要用于木结构房屋建造。中密度纤维板（MDF）是当今世界人造板发展的趋势，这是由于它的性能类似木材，又胜于木材。它不但可以木材作为原料，而且能以一年生的植物纤维（如蔗渣、秸秆等）作为原料。中密度纤维板密度小（400～800 kg/m³）、强度高、握钉力强、板面涂饰性能好、表面光滑、板边密实无须封边，适合锯切、拉槽、钻孔、雕刻及车制成品机械加工。因此，它是现在人造板中用途最广的板材，是中高档家具、建筑、家用电器、包装、乐器、缝纫机台板、车船及房屋内装修的最佳用材。

● 思考题

简述目前生产人造板所用方法的种类及其优缺点。

第三节　糠醛

一、概述

糠醛又称为 α-呋喃甲醛（Furfural，FA），是一种由戊糖脱水环化形成的化合物，因为最初是由米糠和稀酸共热制得，所以得名为糠醛。糠醛是一种重要的呋喃衍生物，也是一种重要的精细化工原料，一般来说，含有一定量戊糖的原料都可以用来生产糠醛。生产糠醛的原料主要有蔗渣、玉米芯、玉米秆、棉籽壳、稻谷、稻草、麦草等富含多聚戊糖的农副产品作物，其中玉米芯和蔗渣中木聚糖含量较高，是目前使用最多的原料。这些生物质彻底水解可以得到戊糖，即木糖、阿魏糖、阿拉伯糖等，其中以木糖为主，将它们清洁、高效地转化为糠醛具有重要意义。

二、糠醛的生产概况

广西农垦糖业集团华盛化工有限公司年产 1 万吨糠醛项目于 2010 年 9 月 28 日正式动工建设，至 2011 年 9 月 1 日工程全部竣工，该项目以蔗渣为原料制取糠醛，达产需要 24 万 t 蔗渣（48%）原料，2011 年 9 月 16 日进行了投料试运转，共试产 4 个批次，得醛率高达 4.68%。由于环保问题，该项目现已停产。

三、糠醛的性质及其应用

纯糠醛为一种无色或浅黄色的油状液体，具有类似杏仁油的味道，其分子量为 96.082，沸点为 161.7 ℃（760 mmHg），熔点为 -36.5 ℃，相对密度为 1.159 6 g/mL（20 ℃），闪点 68.3 ℃（开环），59 ℃（闭环），燃点 393 ℃，黏度 1.494 cP（25 ℃），临界压力 5.5 MPa，具有低挥发性和一定的毒性，分子式为 $C_5H_4O_2$，糠醛的结构式如图 3-2 所示。

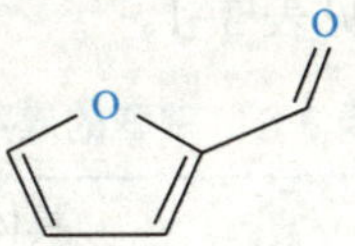

图 3-2　糠醛结构式

糠醛能溶于许多有机溶剂，如丙酮、苯、乙醚、异丁醇、三氯甲烷、醋酸乙酯、乙二醇、四氯化碳、氯苯、氯萘、松节油、甲苯等。糠醛能和有机酸如醋酸、蚁酸、乳酸、油酸、丙酸、环烷酸等混溶。糠醛极易溶解芳烃和烯烃，而脂肪族饱和烃类在糠醛中溶解度很小，因此糠醛被广泛地用作精制润滑油、松香、牛油、丁二烯等的选择性溶剂。常压下糠醛和水部分互溶，两相组成随温度不同而变化，在临界温度 120 ℃以上时，糠醛与水能以任意比混溶，20 ℃时在水中溶解度为 8.3%。糠醛与水的恒沸点（1 atm）为 97.85 ℃，恒沸物组成：糠醛 35%，水 65%。

糠醛易燃，易挥发。其蒸气与空气形成爆炸性混合物，爆炸下限 2.1%。糠醛气体对黏膜有刺激作用，可渗透入皮肤，有一定毒性，应避免直接接触。

糠醛的分子结构中存在羰基、双烯键、环醚等活性官能团，所以糠醛的化学性质非常活泼，因此可以通过氢化、缩合、氧化等化学反应生成大量衍生物，如糠醇、乙酰丙酸、γ-戊内酯、甲基四氢呋喃等化学品，如图 3-3 所示。

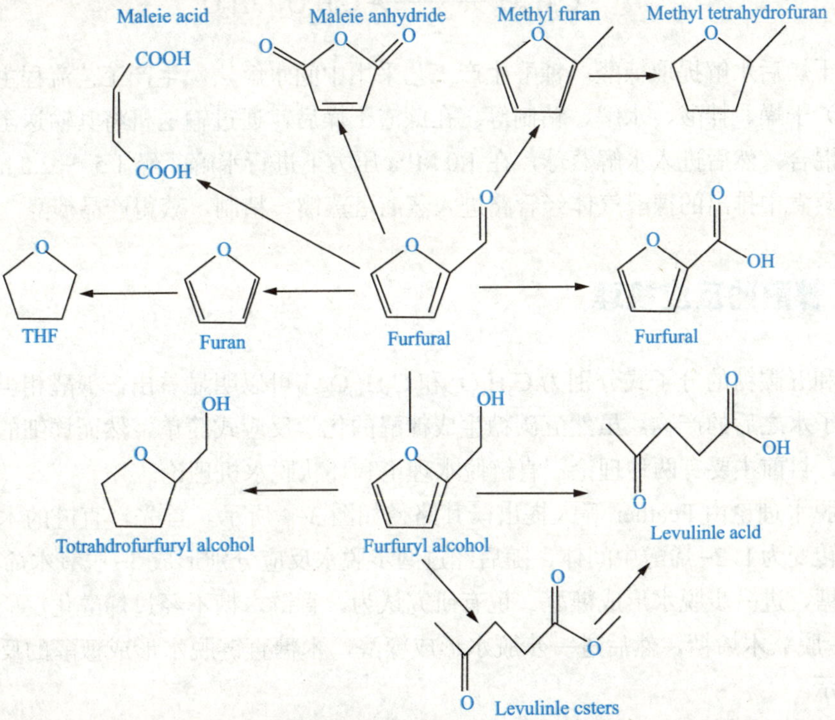

图 3-3　糠醛及其衍生物

糠醛可以通过醇醛缩合反应进行碳链增长，进而加氢制备烃类燃料，这种衍生于可再生资源的烃类燃料在取代石油化工基燃料方面具有重大潜力。糠醛在很多领域都有广泛的应用，以糠醛为原料合成的化工产品广泛用于合成香料、食品、饮料、医药、农药、合成塑料、合成树脂、化妆品等行业，详见表3-1。

表 3-1　糠醛的应用

应用领域	具体应用
工业溶剂	可制取润滑油、柴油、糖醇、四氢呋喃、γ-戊内酯（GVL）等
分析试剂	用于鞣制面革
药品	是一些药品的原料且其衍生具有很强的杀菌能力，可生产农药等
合成树脂	用于呋喃树脂的合成等
萃取剂	用于萃取润滑油和柴油中的芳香成分

四、糠醛的生产原理

糠醛的生产原理是在稀硫酸催化下将原料（如甘蔗渣）水解生成戊聚糖，然后戊聚糖脱水环化形成糠醛。其反应方程式如下：

$$(C_5H_8O_4)_n + nH_2O \xrightarrow[\triangle]{稀 H_2SO_4} nC_5H_{10}O_5 \tag{3-2}$$

$$C_5H_{10}O_5 \xrightarrow[\triangle]{稀 H_2SO_4} C_5H_4O_2 + 3H_2O \tag{3-3}$$

蔗渣干燥后水解提取糠醛。糠醛生产工艺采用中间水解法，生产工艺流程主要包括原料（蔗渣）干燥、拌酸、水解、精制等。在蔗渣干燥后，通过输送机将其输送至拌酸机与硫酸进行混合，然后进入水解蒸球，在 1.0 MPa 压力下进行水解，经 1.5～2.5 h 水解蒸煮后排渣，蒸煮中排出的糠醛气体经管路进入蒸馏塔蒸馏、精制，获得产品糠醛。

五、糠醛的反应机理

糠醛和五碳糖的分子式分别为 $C_5H_4O_2$ 和 $C_5H_{10}O_5$，可以明显看出，糠醛相当于五碳糖脱去三分子水之后的产物。虽然五碳糖生成糠醛的化学反应式简单，然而详细的反应机理非常复杂，目前主要有两种理论：直链脱水理论和环状脱水机理论。

直链脱水理论由 Feather 等人提出，其路径如图 3-4 所示。首先，直链的木糖经过烯醇化反应转变为 1,2-烯醇中间体，随后经过两步脱水反应分别形成 3-脱氧木烯糖和 3,4-脱氧木烯糖，进一步脱水形成糠醛。也有研究认为，直链木糖不经过烯醇化反应，直接脱水形成 3-脱氧木烯糖，然后进一步脱水形成糠醛，木糖直链脱水形成糠醛的反应机理如图 3-4 所示。

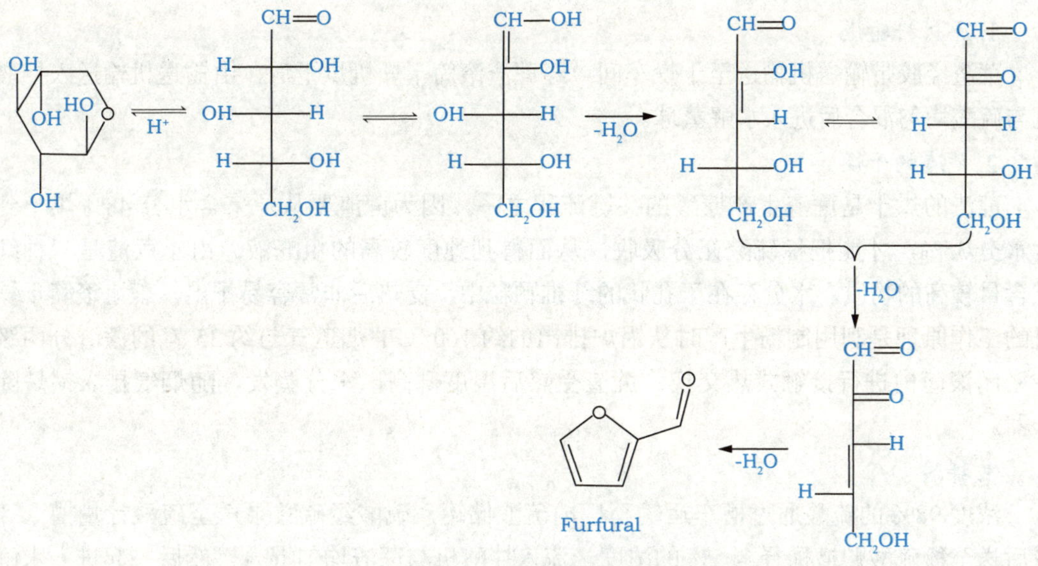

图 3-4　木糖直链脱水形成糠醛的反应机理

环状脱水理论是由 Antaljr 等人提出，该研究认为糠醛来源于吡喃木糖，在酸性条件下，质子攻击吡喃环二号碳上的羟基，使其脱水形成氧正离子，继而发生质子转移同时形成含有醛基和羟基的中间体，中间体进一步脱水形成糠醛，木糖环状脱水形成糠醛的反应机理如图 3-5 所示。

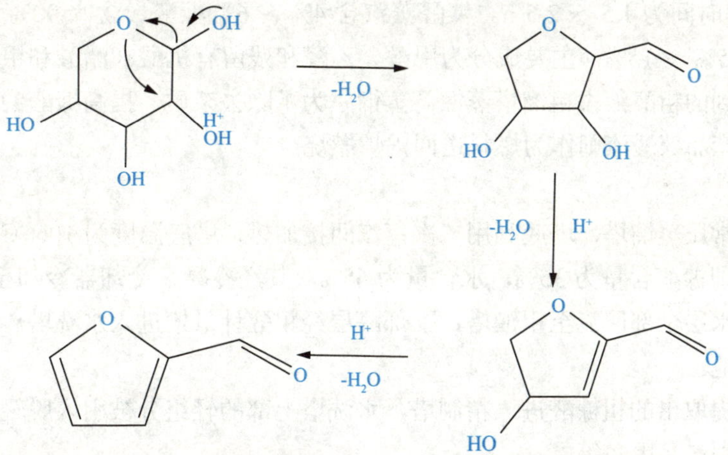

图 3-5　木糖环状脱水形成糠醛的反应机理

六、糠醛的生产工艺流程

糠醛生产装置工艺流程为：蔗渣原料→皮带运输机→烘干机烘干→皮带运输机→拌酸→进入水解蒸球→醛汽→粗馏塔蒸馏→冷凝器→冷却器→分醛罐→水洗塔→精制塔→精制冷凝器→精醛入精醛罐→成品糠醛。

· 51 ·

1. 原材料输送

蔗渣经胶带输送机输送至干燥车间，经蔗渣滚筒干燥机烘干后，由输送机输送入拌酸机与硫酸均匀混合后进入水解蒸球。

2. 蔗渣的干燥

蔗渣的烘干是蔗渣生产糠醛的关键流程之一，因为蔗渣要从原来含水分48%烘干到含水分35%，才能把稀硫酸充分吸收，从而得到纯度较高的粗醛液。由于蔗渣是一种纤维含量较高的物质，水分存在于孔状的纤维颗粒中，受热后非常容易排出，蔗渣滚筒干燥机的工作原理是利用制糖生产时从锅炉排出的约160 ℃的烟道气与约35 ℃的蔗渣分两级在密闭滚筒内进行接触式热交换，蔗渣受热后温度升高，水分蒸发，随烟气排入锅炉除尘器。

3. 拌酸

浓度98%的硫酸通过槽车运输至厂内硫酸储罐，硫酸经硫酸泵送至硫酸计量槽，计量后送至稀硫酸贮槽稀释至5%的浓度，流入拌酸机与蔗渣均匀混合，然后一起进入水解蒸球进行水解蒸煮。

4. 水解蒸煮

在将原料与酸混合拌匀后，由搅拌器出口直接装入水解蒸球。为增加装料量和排除水解锅中的空气，通常采用带压装锅，即边装料边通入空气，待装料结束后，上盖升压，升压过程中有一次排除锅内空气的过程，使得锅内蒸汽压力与蒸汽温度相适应，压力控制在1.0 MPa，水解时间为1.5～2.5 h。糠醛蒸汽含4%～6%糠醛、含水90%以上，低沸点物占糠醛量的5%～15%，主要成分为甲醇、乙醛和残留有机酸（醋酸和甲酸等），从水解蒸球水解得到的粗醛液去粗馏塔蒸馏。蒸馏是为了除去杂质，提高糠醛的纯度。从水解蒸球排出的副产品糠醛渣则作为燃料送回锅炉燃烧。

5. 蒸馏

粗馏塔为常压蒸馏塔，塔底利用二次蒸汽间接加热，塔底温度为106 ℃，塔顶为糠醛与水的共沸物即糠醛含量为35%，水含量为65%，其经冷凝、冷却器冷却至40 ℃，进入分醛罐，上部水层全部回流至粗馏塔，下部醛层经粗醛计量槽进入水洗塔。塔底蒸馏废水排入废水沉淀池。

从水洗塔提取出的粗糠醛进入精制塔，水洗塔上部的轻组分被引入脱轻塔，通过脱轻塔可回收得到副产品甲醇等。

精制塔为真空操作。塔底用蒸汽加热，塔底温度约100 ℃，塔顶温度约为86 ℃，粗醛从水洗塔引入精制塔，进行脱水精制，塔底残留物送至废水沉淀池，醛泥渣作为副产品。塔顶蒸汽经冷凝、冷却后送至粗馏塔。塔底含醛99%的精醛进入精醛贮罐，计量后进行装桶。

糠醛的生产工艺流程如图3-6所示。

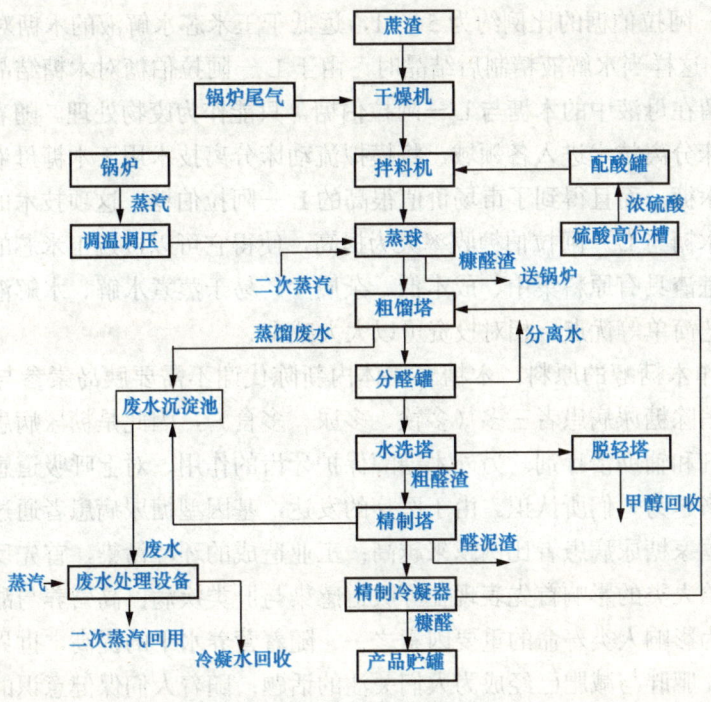

```
                    蔗渣
                     │
        锅炉尾气 ──→ 干燥机
                     │
                     ↓
          锅炉    拌料机 ←── 配酸罐
           │        │         │ 浓硫酸
          蒸汽      │      硫酸高位槽
           ↓        ↓
         调温调压 → 蒸球 ── 糠醛渣
                     │      送锅炉
          二次蒸汽    ↓
                   粗馏塔
        蒸馏废水 ←──┤    → 分离水
                     ↓
                   分醛罐
                     │
         废水沉淀池   ↓
                   水洗塔 ──→ 脱轻塔
                     │粗醛渣    │
                     ↓        甲醇回收
              废水  精制塔
               │      │醛泥渣
        蒸汽    ↓      ↓
         ↓  废水处理设备 精制冷凝器
                │        │ 糠醛
        二次蒸汽回用 冷凝水回收
                      产品贮罐
```

图 3-6 糠醛的生产工艺流程

● 思考题

1. 生产糠醛的农副产品作物原料主要有哪些？
2. 简述蔗渣制备糠醛的生产工艺流程。
3. 简述糠醛的生产原理。

第四节 木糖、木糖醇、阿拉伯糖

一、概况

蔗渣的主要成分为纤维素、半纤维素、木素。其中半纤维素（聚戊糖）约占30%，纤维素占40%，木素占30%。蔗渣用稀酸水解时，其中半纤维素水解，得到木糖与L-阿拉伯糖，经过提取后得到的纯木糖经加氢，可以得到木糖醇，这是一种具有一定保健功能的功能糖。L-阿拉伯糖是一种特种减肥功能糖，对保健与减肥有重要作用。随着人民生活水平的提高，这两种功能糖越来越受到人们的青睐。我国从20世纪70年代，就有采用蔗渣原料生产木糖醇的记录，当时福建、云南与广西都有工厂采用蔗渣酸水解方法生产木糖醇。后来由于其收率远低于玉米芯原料，成本过高而停止生产。主要原因是由于蔗渣（蔗髓）的多聚戊糖中，木糖与L－阿拉伯糖的比例约为5：1，远低于玉米芯水解液的木糖对L－阿拉伯糖的比例8：1。这样当水解液精制后结晶时，由于L－阿拉伯糖对木糖结晶的干扰，结晶收率很低。而留在母液中的木糖与L－阿拉伯糖，只能作为废物处理。随着科学技术的发展，模拟流动床分离技术进入各领域，将模拟流动床分离技术用于木糖母液的分离，不仅得到了纯净的木糖，而且得到了市场价值很高的L－阿拉伯糖。这项技术的成功，使得蔗渣水解物中的木糖与L－阿拉伯糖收率大为提高，使得它可以接近玉米芯的收率水平。与玉米芯相比，蔗渣具有原料集中、成本低、杂质少、易于蒸煮水解、水解液纯度高，环保易于处理、工艺简单等优点，相对投资可以大大减少。

木糖是制作木糖醇的原料，木糖醇在体内新陈代谢不需要胰岛素参与，又不使血糖值升高，并可消除糖尿病患者三多（多饮、多尿、多食），因此是糖尿病患者安全的甜味剂、营养补充剂和辅助治疗剂。另外木糖醇保护牙齿的作用、对上呼吸道感染与肝类疾病的防治效果越来越为人们所认识。由于医疗的发达，基因型糖尿病患者通过遗传传递，使得世界上发达国家糖尿病患者比例越来越高；工业造成的环境污染，首先反映在空气与水的污染，而带给人类的影响首先表现在呼吸道感染与肝类疾病；高营养与甜食造成的口腔疾病，已经成为影响人类寿命的重要因素之一。随着营养水平的提高，世界上有三分之一的人营养过度，肥胖与减肥已经成为人们关注的话题；随着人们保健意识的提高，保护口腔及呼吸道已经成为人们的共识。

L-阿拉伯糖在食品和药品方面的使用功能主要有两项：一是能抑制水解双糖的酶，因此抑制因摄入蔗糖（在小肠蔗糖酶的作用下分解成葡萄糖和果糖而被吸收）而导致的血糖升高；简称抑制双糖水解的降糖作用；二是因L-阿拉伯糖对双糖水解酶的抑制作用，使在小肠里没被分解的蔗糖，在大肠里被微生物分解产生出大量的有机酸，这种有机酸对肝脏合成脂肪有抑制作用，再加上L-阿拉伯糖在小肠里对吸收蔗糖的抑制作用，从而减少体内新脂肪的产生。L-阿拉伯糖可以与蔗糖配伍使用，也可单独食用。在蔗糖中加入3.5%的比例，能够抑制人体60%～70%蔗糖的吸收，长期使用可以降低血糖。

二、木糖的物理性质

分子量：150.14。

外观：白色结晶。

气味：无臭。

甜度：72（蔗糖为100）。

相对密度：1.525。

熔点：145～150 ℃。

渗透度：大。

吸湿性：小。

溶解度：约100。

比旋光度：＋18.6 －＋90°。

不同温度下木糖的溶解度见表3-2。

表 3-2 不同温度下木糖的溶解度

温度 /℃	20	30	35	40	45	50	55	60	70
溶解度 /%	51.24	56.03	57.89	60.47	62.62	65.08	67.08	69.38	77.30

三、木糖的化学性质

（1）木糖末端碳原子上有醛基，其另一端含有与葡萄糖一样的羟基，所以和葡萄糖同属于还原糖，其性质很活泼，具有葡萄糖的许多化学性质，如美拉德反应、成脎反应等。

（2）木糖氧化生成45%醛酸（对木糖），更强烈氢化条件下，如以硝酸氧化，则得三羟基戊二酸和草酸，三羟基戊二酸具有令人愉快的水果酸味，可作用水果调节剂，对木糖得率为50%～55%。

（3）木糖与稀无机酸加热，则脱水生成糠醛（$C_5H_4O_2$），它可以用作石油精炼溶剂和医药工业原料。

（4）木糖一般不被微生物利用，但能为热带假丝酵母等特殊微生物代谢利用。

（5）木糖氢化还原生成木糖醇。可以用糖醇生产的一般工艺，将其还原生产木糖醇。由于其为五碳糖，每个分子加氢时可以加入2个氢原子。所以加氢时，氢气消耗约比葡萄糖高五分之一。在理论上，每吨干基木糖转化成木糖醇需要标准氢 148.7 m^3。

四、木糖的生理特性

人体中存在五碳糖，它是由六碳糖代谢产生，五碳糖是核糖核酸中间体，在磷酸戊糖代谢支路中，六磷酸葡萄糖氧化成六磷酸葡萄糖醛酸，然后脱羧（CO_2）成五磷酸核酮糖，磷酸戊糖代谢支路占葡萄糖代谢的10%～30%，主要不是生成能量，而是生理活动所需。另在葡萄糖醛酸支路中，葡萄糖醛酸先转化成古洛糖酸，后脱羧成五碳的L-木酮糖。L-木酮糖和木糖在支路中是一个相互转换的正常中间体。由上可知，人体中存在五碳糖，但不是木糖。

人体内没有代谢木糖的酶，所以它进入体内不被肠吸收，也不代谢，不产生能量，90%不被利用而排出体外，但不会导致腹泻。1937年Helmer进行的木糖吸收试验证明，一次口服用5g，1～2h后，血中木糖达高峰（35 mL/L）；5h后恢复正常，同时，有40%的木糖通过尿排出体外，近年Renee的木糖吸收试验报告指出，摄入木糖后血中木糖2h达最高值，但经5h后，绝大多数的木糖从尿中排出。

五、阿拉伯糖的物理性质

熔点：154～160 ℃。

沸点：333.2 ℃（760 mmHg）。

折射率：1.633。

闪光点：155.3 ℃。

比旋光度：103 ℃（C=5，H_2O）。
密度：1.757 g/cm³
水溶性：可溶。
外观：白色结晶粉末，其晶体为正交晶系。
溶解性：溶于水和甘油，不溶于乙醇和乙醚。

六、阿拉伯糖的生理功能

1. 抑制代谢与吸收

L-阿拉伯糖最具代表性的生理作用是有选择性地影响小肠中的蔗糖酶，从而抑制蔗糖的吸收。在蔗糖中添加 3.5% 的 L-阿拉伯糖，可以抑制 60%～70% 蔗糖的吸收，同时也使血糖值少升高约 50%。

2. 抑制血糖、脂肪

L-阿拉伯糖作为一种低热量的糖，抑制因摄入蔗糖而导致的血糖升高，因此可以抑制肥胖，预防并治疗与高血糖相关的疾病。

3. 预防便秘

有便秘倾向的女性将添加了 3%L-阿拉伯糖的蔗糖加入红茶等饮品中连续服用，每周的排便次数有明显增加，摄入添加 5% 阿拉伯糖的蔗糖还可以有效促进双歧杆菌（Bifidobacterium）的生长。L-阿拉伯糖本身是难以被消化道吸收的糖，在体内得不到利用的部分可从尿中排出。

七、木糖生产概况

福建漳州糖厂木糖分厂、漳浦糖厂、云南南伞糖厂、永德糖厂均利用蔗渣生产过木糖，但相继停产。2017 年东亚糖业母公司泰国两仪集团与山东福田科技集团有限公司合资，合作研发生产木糖，研发和试产基地选址扶南公司，目前已试产出符合国家标准的木糖样品，拟投资 2 亿元建设一条年产 15 000 t 的木糖生产线。

八、木糖醇的生产工艺

我国木糖醇生产有两条基本工艺，分别是中和脱酸工艺和离子交换脱酸工艺。中和脱酸工艺就是在净化水解液时采用中和法，20 世纪 60 年代，我国木糖醇在保定开始试生产时，就是采用中和方法，工艺路线如下：

原料 → 水解 → 中和 → 浓缩 → 脱色 → 离子交换 → 浓缩 → 加氢 → 浓缩 → 结晶 → 分离 → 包装

这是典型的木糖醇生产工艺，中和脱酸工艺比较简单，酸碱消耗低，可降低成本，设备也比较简单，易操作，投资少。缺点主要是随着水解液变浓，石膏在水解液中浓度也变大，呈过饱和状态，此时就有一部分石膏又沉淀出来，沉积在蒸发器的管壁上，形成隔热层,降低蒸发效力,浪费蒸汽,降低设备利用率。其中结垢很难除去,特别是很难用化学方法除去,不得不用机械法清除结垢,不但麻烦,而且劳动强度很大,对设备也有不同程度的损伤,降低设备的使用寿命。

为了解决中和脱酸带来的困惑,研究人员开发了离子交换脱酸工艺,采用离子交换树脂利用离子交换的方法将硫酸根除,工艺的路线如下:

原料→水解→脱色→离子交换→浓缩→离子交换→加氢→离子交换→浓缩→结晶→分离→包装

此工艺也有两次交换和三次交换之分,第一次交换主要是为了除去水解液中的硫酸根,所以采用阴离子交换,第二次交换采用阳离子交换树脂,第三次交换用阳、阴两种离子交换树脂,也有单用阳离子交换树脂的。离子交换脱酸工艺,工艺比较复杂,树脂用量较多,设备较多,增加了酸碱消耗,加大了成本。但解决了中和脱酸工艺品中设备结垢的缺点,提高了设备的利用率和使用寿命,减少了水解液中的灰分和酸的含量,提高了水解液的质量,相应地提高了产品质量。由于离子交换脱酸工艺有众多的优越性,新建厂都采用了此工艺。

无论是中和脱酸工艺还是离子交换脱酸工艺,最后一次交换都是将氢化液再进行一次交换,来提高净化液的质量,继而提高产品质量。

在木糖生产中,每生产 1 t 木糖要产生 1 t 母液,母液中按干基计含木糖 55%,L-阿拉伯糖 20%左右,通过模拟流动床色谱分离、精制、结晶的工艺路线,可以分离木糖与 L-阿拉伯糖,回收木糖并生产出高纯度结晶 L-阿拉伯糖。

九、木糖醇的应用

1. 木糖醇在医药上的应用

(1)改善肝功能的作用。当用木糖醇用于静脉注射时,血中乳酸、丙酮酸、葡萄糖含量下降,并使胰岛素有轻微的上升。同时肝脏中的肝糖原随之增加。所以木糖醇既是糖尿病患者的治疗剂和营养剂,也是肝炎病人的保肝药物,特别是糖尿病和肝炎的并发症病人的良药;木糖醇可以促进肝糖原的合成,对转氨酶的降低也有较明显的作用。

(2)作为输液应用于外科手术。临床验证木糖醇输液比葡萄糖输液血液成分更稳定,适宜于内、外科作为糖质补给,特别是在外科手术后,糖代谢遇到障碍,不能使用葡萄糖时,是一种理想的输液剂。

(3)对上呼吸道感染的防治作用。20 世纪 80 年代,人们发现木糖醇可以抑制链球菌与产气链球菌的生长,而这两种菌是造成上呼吸道感染的主要病因。之后,芬兰、美国与欧洲的其他国家的试验证明,采用口服含木糖醇的口香糖或喷雾含有木糖醇的喷鼻液,或使用含木糖醇的牙膏,可以有效地防止中耳炎、鼻窦炎、咽喉炎及其他上呼吸道感染引起的疾病。美国的专家认为,木糖醇是细菌的天敌之一,它没有依赖性,不存在抗药性,可以代替抗生素,可作为预防与治疗上呼吸道感染的重要措施。

(4)对耳部感染的作用。有规律地正常使用木糖醇可以抑制链球菌与产气链球菌的生长,这些菌是相应造成耳部感染的主要原因。

(5)对肺部感染的作用。木糖醇虽非抗菌物质,但它能使患者呼吸道表面黏液层中盐度下降,故有利于患者恢复预防肺部感染的能力,今后,木糖醇有望开发成为一种可预防年老体弱者、婴幼儿、病人等易感人群肺部感染的新型保健食品原料。

(6)对鼻腔疾病的作用。木糖醇不像抗生素会杀死大部分细菌而留下耐性高的超细菌生存,含有木糖醇的洗鼻液仅将有害的细菌清洗掉,达到消炎抗菌的目的。

(7)对口腔疾病的作用。木糖醇对链球菌的抑制作用,同样对口腔的保健起到作用。口腔链球菌的生长会造成许多口腔疾病,包括口疮发炎、口臭、口腔溃疡、牙周炎(口香糖病)、妊娠期的牙龈炎、口角溃疡等,即通常所说的"上火"症状。使用含有木糖醇的牙膏,对口角炎、口部溃疡、牙周炎,有明显的消炎治疗作用。

2. 木糖醇在食品上的应用

由于人们对糖尿病、肥胖引起生理功能障碍与龋齿的关注,无糖、低糖食品具有广阔的市场,木糖醇作为无糖甜味剂越来越受人们青睐。

十、阿拉伯糖的应用

1. 在焙烤食品中的应用

L-阿拉伯糖分子结构稳定,在高温下不被分解,因此可以用于焙烤食品中。软曲奇是一种美国人喜爱的饼干,但是含糖量很高,容易造成肥胖,因此在此类饼干中添加L-阿拉伯糖能够抑制蔗糖的吸收,从而使人们减少对高糖饼干造成肥胖的恐惧。同样,在高热量食品中(如蛋糕、蛋黄派等烘焙食品中)添加一定量的L-阿拉伯糖能够降低单位能量密度,吸引更多的消费者。由于L-阿拉伯糖分子结构中含有醛基,属于还原性单糖,当它与蔗糖混合制备焙烤食品时,会与面团中的氨基酸、蛋白质等物质发生美拉德褐变反应,使烘焙产品的风味更加独特、颜色更加亮丽。此外,在烘焙食品中,L-阿拉伯糖的添加量一般可根据实际情况而定,通常不超过5%,加入L-阿拉伯糖后可对面团流变学性质、口感、加工工艺等产生影响,使制作出的焙烤食品更加美味。在烹炸食品(如炸鸡块、烧鸡、烤肉等)添加L-阿拉伯糖会赋予其更丰富的香味和诱人的颜色。

2. 在饮料中的应用

随着人民生活水平的日益提高,消费者的健康意识逐渐加强,人们的饮品结构也发生了显著变化,高热量饮料的市场逐年下滑,低糖饮料、无糖饮料、茶饮料、含乳饮料、植物蛋白饮料、果蔬汁饮料等营养、保健、功能性强的饮品逐渐成为市场的主流,L-阿拉伯糖产品在各种饮品中的添加,正符合了人们的这种需求。

3. L-阿拉伯糖在生物医药中的应用

肝炎是全球突出的公共卫生问题之一,是影响人们生活并导致相关经济和社会问题的严重性疾病,肝炎病毒是引发肝炎疾病的主要病因,迄今为止已经得到分型的肝炎病毒有6种,即甲型肝炎病毒、乙型肝炎病毒(HBV)、丙型肝炎病毒、丁型肝炎病毒、戊型肝炎病毒和庚型肝炎病毒。其中乙型肝炎病毒是最常感染人类的病毒,也是危害最大的肝炎病毒,全球约20亿人曾感染过HBV,每年约有100万人死于HBV感染所致的肝衰竭、肝硬化和原发性肝细胞癌(HCC)。丙型肝炎病毒(HCV)也是引起人类急性肝炎和慢性肝病（包括肝硬化和肝癌）的主要病毒之一，据估计，全球有 1.7 亿人为 HCV 的慢性感染者，其中的 10%～20% 会出现肝硬化，1%～5% 会在 20～30 年后发展成为肝癌。因此，HBV 所致的乙型肝炎和 HCV 所致的丙型肝炎是当前全球危害最严重的 2 大病毒性肝炎。正是由于乙肝、丙肝的危害性严重，当前的抗肝炎病毒药物中，无论是已上市还是在研的产品，均以这两类病毒性肝炎为主。而 L-阿拉伯糖可用于合成核苷类似物等抗病毒药物，以 L-阿拉伯糖为原料，合成 2-脱氧-2-氟-5-甲基-β-L-阿拉伯呋喃糖基尿嘧啶（L-FMAU）。L-FMAU 是一种有效的抗乙肝病毒（HBV）和抗 Ep-stein-Barr 病毒活性试剂。据了解，全球共有 5 种进入 3 期临床试验的抗乙肝新药，其中 2 种采用 L—阿拉伯糖为原料：即由韩国 Bukwang 公司研制的新药 Clevudine（L-FMAU，嘧啶核苷酸类似物）和美国 Idenix 制药公司开发的新药 Telbivudine（L-核苷类似物的一种）。治疗乙肝的抗病毒新药（替比夫定和克来夫定）已分别在韩国和美国上市，其核心结构都是 L-阿拉伯糖衍生来的核苷类似物，具有能够特异性地抑制嗜肝 DNA 病毒、不影响 DNA 聚合酶和线粒体功能、选择性高、毒性低等特点，应用广泛，市场前景广阔。

● 思考题

1. L-阿拉伯糖在食品和药品方面的使用功能主要是什么？
2. 简述 L-阿拉伯糖抑制蔗糖的吸收的功能。

第五节　蔗渣饲料

一、蔗渣饲料概述

蔗渣的营养成分中，纤维含量最多，蛋白、淀粉和可溶性糖的含量较少，仍能满足反刍动物的要求。蔗渣干物质含量为 90%～92%，粗蛋白质约 1.5%，粗纤维 44%～46%，粗脂肪约 0.7%，而且蔗渣的农药残留量比其他秸秆作物的都要低。蔗渣的主要成分是纤维素、半纤维素及木质素，一般不能直接被动物所利用，但是纤维素、半纤维素都是碳水化合物，属于多糖类，利用酸碱水解或微生物酶解作用，可使其变成单糖，再经酵母或某些霉菌等微生物作用。将一部分单糖转变为蛋白质，使蔗渣变成营养丰富、适口性好、易消化吸收的饲料，反刍动物能够更好地吸收消化粗纤维，所以蔗渣在反刍动物饲料生产上应用更多。已有许多国家利用蔗渣制成肉牛、奶牛、羊、猪、鹿及鱼的饲料。其不但可制成青贮饲料，而且可制成颗粒性饲料。甘蔗副产物作为非粮饲料资源进行开发，既可缓解人畜争粮的矛盾，又能节约饲料成本，避免甘蔗副产物乱丢乱弃造成的环境压力，符合国家生态文明建设目标。但是对于蔗渣质地过硬、适口性差等问题，还有待进一步研发出高效节能的蔗渣预处理设备。

蔗渣制饲料

二、蔗渣饲料生产概况

2016年年底，扶南东亚公司与广西大学合作，以蔗渣、蔗梢叶、糖蜜等为原料，开发出一套用生物发酵技术，制备生化蛋白饲料的生产工艺，并建成一条生产生化蛋白饲料的中试生产线。项目中试期间，通过生物技术生产青贮蔗叶、经过处理的蔗渣和其他原料精准配合生产全混合日粮、全价配合饲料、精料补充料、浓缩料、预混料等，产品通过生物技术手段、菌醇协同作用，产品富含菌体蛋白，不仅适口性好、采食量高，而且消化吸收好，还通过生物技术减少成品中的毒素和抗营养因子，增强动物免疫力和抗热应激能力，增加肉牛肉羊日增重和奶牛产奶量，能大幅提高养殖户的经济效益。在中试成功和喂养试验取得明显效果的基础上，东亚糖业集团2019年7月成立广西扶南饲料有限公司，2019年年底正式开工建设标准反刍生物饲料项目。饲料厂占地面积80 000 m²（120亩），包含主车间、发酵间、干燥间、青贮站等生产场所，总建筑面积超过32 000 m²，公司设计产能12万吨，其中一期项目建设年产6万吨饲料。利用集团电厂和糖厂的蒸汽、电、蔗渣、糖蜜及周边丰富的蔗叶、蔗梢等副产物，加工成全混合日粮、全价配合饲料等为牛羊等草食动物提供优质的食料，是对蔗渣、蔗叶的深度利用和高值化利用，促进畜牧养殖产业的发展，有效延长了以甘蔗为原料的产业链。

2019年10月由柳城生态肥公司自筹资金243.87万元，建设凤糖公司甘蔗秸秆饲料化试点示范项目，厂址建在凤糖公司下属的六塘制糖公司生产厂区内，生产线占地面积4 508 m²，并于2019年12月15日正式投入生产。青贮饲料生产线设计产能为日产100 t，生产的青贮饲料以甘蔗尾梢为主要原料，添加适量的糖蜜及专用菌种经过厌氧发酵而成，产品营养丰富、全面，质量稳定，目前日产量可达150 t，年产量可达1万吨以上。

三、提高蔗渣饲料营养价值的方法

1. 碱处理

木质素对牲畜消化及纤维分解都是不利的，因此，需要进行适当的化学、物理方法预处理，为纤维素和半纤维素分解成易消化吸收的成分创造良好条件，才可以提高蔗渣的消化性和营养价值。蔗渣可在碱液和压力蒸煮下除去包围住纤维素、半纤维素的木质素，可用氢氧化钠（烧碱）、石灰、壳灰、草木灰等含碱性物质，调成碱液，碱液浓度一般为0.5%～3%，或石灰用量一般为对干纤维原料3%～10%，碱浓度越高，越利于微生物和动物利用，经处理后可酶解碳水化合物增加越多。碱处理作用后可提高粗饲料的消化率、提高微生物对蔗髓纤维素与半纤维素降解作用、在碱液下浸泡，可以消毒，减少致病菌、改善粗饲料物理性状，使粗纤维变柔软，提高适口性。

2. 氨化处理

蔗髓氨化也是碱处理的一种，20世纪60年代末，已有将甜菜粕、棉子皮糠、枫木屑、玉米秆等含氮量较少的农业副产废料，加以氨化制造反刍动物营养补充饲料，较成熟的流程是采用两步法即第一步热水水解，第二步在升温时引入氨水（浓度28%对蔗渣比为1∶1），于101～103 ℃氨化1 h，蔗髓含氮从0.5%升至2%以上；对照组用70 ℃热氨水浸泡，同样氨水用量，蔗髓含氮只有1%左右。

3. 酸处理

酸可以将半纤维素和纤维素水解为单糖或低聚糖，尤以半纤维素易于水解。酸处理后虽仍有部分未被水解的纤维素，但聚合度也比未处理前降低，易于消化。

4. 蒸汽膨化裂解

蒸汽膨化裂解是在一定压力、温度下，蔗渣从膨化器中突然降压排出，而使纤维素、半纤维素与木质素分开，并降解其聚合度成低聚化合物。

5. 微生物处理

通过木质素分解菌或纤维素酶把粗纤维脱去部分木质素和把半纤维素、纤维素降解就成较易消化的低聚物，或者通过简易的自然发酵或接入菌种发酵，使蔗渣及其添加物的可发酵养分转化为乳酸或蛋白质（青贮），密封式无氧发酵主要是乳酸菌起作用，青贮后产生乳酸起抑菌防腐与增加营养作用；若是堆放疏散发酵则为有氧式发酵，主要是酵母与霉菌起作用，把含碳低聚物转化为菌体蛋白。

四、甘蔗梢叶概述

甘蔗梢叶是甘蔗收获后的副产品，俗称蔗尾，主要由嫩茎、叶鞘和叶片组成，含糖量比较低，一般在甘蔗收割时被砍断丢弃，质量约占甘蔗产量的20%。2020/2021榨季，全国甘蔗产量为8 000万吨，甘蔗梢叶的产量约为1 600万吨，资源丰富，且产地集中、收购成本低。甘蔗梢叶富含糖分、粗纤维和维生素等营养物质。每千克甘蔗叶（干物质）含消化能5.68 MJ/kg，粗蛋白3%～6%，无氮浸出物35%～43%。但由于受传统观念、处理方法和科技支撑能力不足等因素影响，除少部分鲜绿甘蔗尾叶用作牛羊饲料外，大部分干枯甘蔗叶被废弃田间或直接露天焚烧，造成资源大量浪费和严重污染大气环境，还会降低土壤有机质含量，烧死土壤表层微生物与动物，破坏土壤生态系统，制约农村经济可持续发展。尤其在高速公路、铁路和国省干道两侧区域焚烧甘蔗叶，严重影响交通和产生雾霾，甚至引发火灾。甘蔗梢叶的循环利用是解决以上环境问题和民生问题的关键。

五、甘蔗梢叶的特性

甘蔗梢叶富含多种氨基酸及多糖，适口性较好，在粗饲料评级中被认定为中等价值粗饲料资源。特别是在甘蔗收获期（11月至翌年4月）正是南方枯草期，利用甘蔗及其副产品作为饲料可解决养牛越冬饲料不足问题。高效、科学地开发利用甘蔗梢叶，提高其利用价值和利用效率，可成为甘蔗梢叶循环利用的主要研究方向。

甘蔗梢叶是一类高纤维、低蛋白、少能量、缺无机盐的物质，循环利用时存在体积大、水分高、运输困难、养分含量和消化率低、收集成本高及机械化程度低等制约因素，若不经处理直接用作饲料养牛羊或肥田，不但其采食量和消化率低，不能满足动物的营养需要，而且肥田难腐化和有机质含量低，严重制约了甘蔗叶饲料化和肥料化利用率。采用物理、化学和生物等方法处理，将甘蔗叶中难消化物质经发酵转化或分解，提高其有机物质含量和适口性，并降低水分、缩小体积，是资源化利用甘蔗叶关键技术。

六、甘蔗梢叶生物饲料

甘蔗梢叶生物饲料是利用微生物的保鲜和发酵作用，以甘蔗叶为主要原料，通过添加微量元素、微生物、复合酶等添加剂，将甘蔗叶中的难消化物质经发酵转化或分解为微生物菌体蛋白、生物活性小肽类氨基酸、微生物活性益生菌、复合酶制剂为一体甘蔗叶生物发酵饲料，以提高其营养价值和适口性。目前国内主要推广应用甘蔗梢叶处理方法有青贮、氨化和微贮等。虽然氨化和微贮处理甘蔗梢叶无污染、成本低、易操作、投资少、效益好，但氨化或微贮需要体积较大青贮池，且处理后的甘蔗梢叶运输和饲喂不方便，质量也不稳定，成为制约甘蔗梢叶饲料化主要因素，导致甘蔗梢叶资源化利用率很低，其资源优势未能充分发挥。微贮是利用微生物将甘蔗梢叶中纤维素、半纤维素降解并转化为菌体蛋白，近年也有较好开发推广价值，它解决了氨化甘蔗尾叶中有氨挥发对家畜和人健康有一定影响的缺点，处理效果也优于氨化。如中国科学院筛选菌种，可快速降解甘蔗尾叶中粗纤维，降解率达30%以上，饲喂牛其日增重比未处理组高304 g，比氨化组高206 g，取得较好经济效益和社会效益。然而，目前采用的氨化、微贮等方法处理甘蔗梢叶，虽可显著提高其营养价值和适口性，但需较大面积贮存设备，且体积大，装卸、运输和储存不方便，不利于商业化生产饲料。

许多农民仍按传统方法将未经处理甘蔗尾叶直接喂牛，使牛饲养时间长，养殖经济效益低，难以建立低耗、高规模化肉牛饲养场。目前，每年甘蔗叶饲料化利用率仅占15%，其中氨化、微贮甘蔗叶还不到总产量的5%，大部分甘蔗叶被毁弃田间或直接焚烧污染大气环境，造成严重的环境污染和资源浪费，与发展农业循环经济不相适应。

七、甘蔗梢叶生物饲料生产工艺

利用甘蔗尾叶、蔗渣和糖蜜工厂化生产甘蔗梢叶生物饲料，即选用能提高甘蔗尾叶营养价值、适口性和贮存时间的饲料添加剂，并将其溶于定量水后喷洒在甘蔗尾叶上，再经机器压块或打捆密封生产肉牛生物饲料的方法。以甘蔗梢叶为主要原料，辅以蔗渣、糖蜜等其他配料，根据肉牛日粮配方确定出原料的比例，通过混合机进行充分混合。将甘蔗梢叶预处理后压块或打捆，既能提高适口性和营养价值，而且耐贮存、运输和饲喂方便，可专业化、大规模利用农作物秸秆资源生产肉牛生物饲料，提高肉牛养殖技术水平和经济效益。

生产技术路线如图3-7所示。

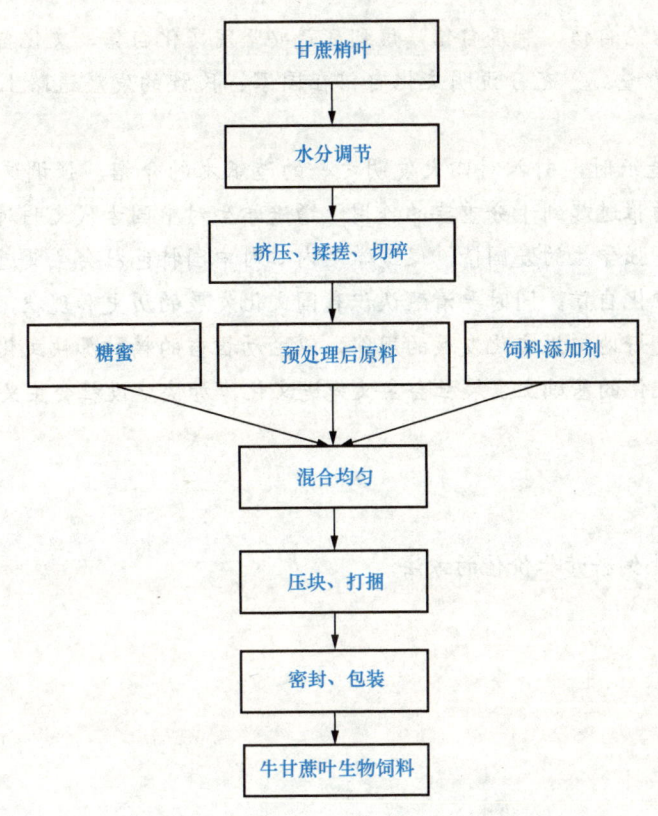

```
        甘蔗梢叶
           ↓
        水分调节
           ↓
      挤压、揉搓、切碎
           ↓
  糖蜜 → 预处理后原料 ← 饲料添加剂
           ↓
         混合均匀
           ↓
        压块、打捆
           ↓
        密封、包装
           ↓
       牛甘蔗叶生物饲料
```

图 3-7　甘蔗梢叶生物饲料生产技术路线

【绿色发展、循环发展、低碳发展】

化腐朽为神奇，既是科学，也是艺术——来自格林美的答卷：2013 年 7 月 22 日上午，正在湖北调研的习近平总书记前往从事电子废弃物绿色回收利用的格林美高新技术公司武汉分公司考察，他指出，变废为宝、循环利用是朝阳产业。垃圾是放错位置的资源，使垃圾资源化，化腐朽为神奇，既是科学，也是艺术，希望企业再接再厉。2021 年，格林美实现了翻天覆地的变化，回收网络基本覆盖全国，废物回收体量从当年的 50 万吨增长到 500 万吨，产值从约 30 亿元增长到 150 亿元，循环产业基地从当年的 3 个发展到 16 个。

在蔗渣的利用中，主要通过了解蔗渣综合利用的途径，掌握蔗渣原料的特点、蔗渣原料的贮存。通过讲解蔗渣的综合利用途径，引出我国目前清洁能源、非化石能源的使用情况，我国积极发展节能产业，推广高效节能产品；加快发展资源循环利用产业，推动矿产资源和固体废弃物综合利用；大力发展环保产业，壮大可再生能源规模。介绍广西糖厂生物质能源发电的现状，让学生意识到中国作为世界大国在控制碳排放上所做的积极努力，增强学生的大国意识和环保意识。

【坚定文化自信】

2016 年 5 月 17 日，习近平总书记主持召开哲学社会科学工作座谈会并发表重要讲话，再次深刻阐述"文化自信"，并且首次用"三个更"形容文化自信："坚定中国特色社会主义道路自信、理论自信、制度自信，说到底是要坚定文化自信，文化自信是更基本、更深沉、更持久的力量。"充分说明文化自信在国家、民族的发展道路上具有十分重要的意义。

在讲解蔗渣造纸时，引入对四大发明之一的造纸术的介绍，强调这项发明对于欧洲启蒙运动和文明的推进起到十分重要的作用，增进学生对中国古代文明对于推动世界发展重要性的了解，增强学生的爱国情，促进学生内心对中国特色社会主义道路自信、理论自信、制度自信和文化自信。同时要清醒认识我国文化发展的历史和现状，增强文化自觉，坚定文化自信，更好地把握文化发展的规律，以主动担当的精神加快文化发展步伐，在传承中华优秀传统文化的基础上发展社会主义先进文化，加快建设社会主义文化强国。

● 思考题

简述提高蔗渣饲料营养价值的方法。

第四章

滤泥的利用

● 学习目标

通过本章学习，了解亚硫酸法和碳酸法滤泥的特性、利用情况和途径，掌握以滤泥为原料生产蔗蜡、生物炭及其缓释肥料、复合肥、有机肥等产品的情况，重点掌握以滤泥为原料生产肥料的方法。

一、概述

目前的甘蔗制糖澄清工艺主要通过二氧化碳或二氧化硫与石灰乳（氢氧化钙）生成碳酸钙或亚硫酸钙作为澄清剂，吸附非糖分物质形成沉淀，再通过压滤机或吸滤机进行分离，滤饼层即为滤泥。一般亚硫酸法工艺加石灰量较小，滤泥量占甘蔗质量0.7%～1.4%；碳酸法工艺加灰量较大，滤泥量占甘蔗质量4.5%～5.0%。

滤泥是制糖工业的大宗副产品之一，主要成分为碳酸钙或亚硫酸钙、磷酸钙、有机酸钙、甘蔗纤维、蛋白质、蔗蜡、植物固醇、叶绿素等。甘蔗滤泥中的成分会因甘蔗的品种、收获与压榨的方法、澄清的方法（亚硫酸法或碳酸法）、甘蔗的滤泥产率等因素不同而有很大的差异。表4-1为甘蔗糖厂亚硫酸滤泥与碳酸法滤泥的主要成分表。

表 4-1 甘蔗糖厂亚硫酸滤泥与碳酸法滤泥的主要成分

生产工艺	pH	有机质/%	N/%	P_2O_5/%	K_2O/%	CaO/%	Mg/%	水分/%
亚硫酸法	5.95	58.66	1.19	1.24	0.52	5.59	1.07	69.55
碳酸法	8.97	23.15	0.69	0.65	0.27	5.97	4.72	55.91

我国年产湿滤泥约400万吨，充分利用滤泥，变废为宝，对发展甘蔗糖业循环经济，促进糖业的可持续发展，实现经济效益与环境效应的最大化，提高甘蔗糖业的市场竞争力具有重要的现实意义。

二、滤泥应用概况

广西桂平糖厂于 1963 年曾试生产复合肥,产品为颗粒状,供蔗农种蔗用。百色市糖厂于 1988 年建成复合肥生产线,利用滤泥生产复合肥。石龙、和睦糖厂也于 1990 年分别建成年产 5 000 t、4 000 t 复合肥生产车间。还有张黄、寨圩等糖厂也相继建起了复合肥生产车间或分厂。扶南糖厂也于 1992 年 11 月建成有机质复合肥厂,主要利用滤泥、煤灰、酒精废液,加入少量化肥制成有机质复合肥,计划年产有机质复合肥 2.5 万吨;1993 年又与美国 CDR 公司合资增建一条年产 1 万吨高效复合肥生产线。

为解决糖厂生产食糖产生的滤泥,变废为肥,以肥回蔗,原柳城糖厂、凤山糖厂内均自设有复合肥厂(车间),柳城糖厂投资 95 万元建成复合肥厂(车间),凤山糖厂原复混肥生产于 1996 年 7 月经柳城县计划委员会列入柳城县第三期农业综合开发龙头项目,项目总投资 389.55 万元,流动资金 100 万元,项目 1996 年 8 月动工,1997 年 1 月 8 日进行试产,16 日正式投产,到 4 月 27 日结束,共生产有机质甘蔗专用复混肥 10 337 t,达到了原设计生产能力。1997 年 8 月 28 日柳城县决定将凤山糖厂、柳城糖厂整合,组建柳城糖业集团,并成立柳州市凤山糖业(集团)有限责任公司,也将糖厂的复合肥生产整合,并以《关于成立柳州凤山糖业集团复合肥有限责任公司的决定》(柳凤糖董字〔1998〕13 号)将生产复合肥的分厂从糖厂分离出来。2003 年 8 月 3 日,经广西凤糖生化股份有限公司第二次临时股东大会审议通过《关于投资 1 248 万元参与设立〈广西凤糖柳城生态肥有限责任公司〉的议案》,同意公司投资 1 248 万元与广西凤糖六塘制糖有限责任公司及 16 位自然人共同投资设立广西凤糖柳城生态肥有限责任公司,为凤糖公司的全资子公司。2003 年 10 月 21 日,凤糖公司下属三家企业投资设立"广西凤糖罗城生态肥有限责任公司",接收柳州凤山糖业集团复合肥有限责任公司罗城复合肥厂的资产。柳城生态肥公司实施的综合治理糖厂污染物年产 20 万吨生物有机肥工程项目是 2003 年广西重点开发的项目之一。到 2019 年,柳城生态肥公司已形成"杨柳"牌有机—无机复混肥和有机肥料两大系列共 5 个品种肥,肥料年总产销量 7 万多吨。柳城生态肥公司自 2003 年建成投产到 2020 年的 18 年间,累计生产有机无机复混肥 1 125 991.52 t,各种生态有机肥 446 105.001 t,实现销售收入 15.11 亿元,实现税利 10 645.18 万元。

广西崇左市湘桂生态肥业有限公司 2008 年投资 8 500 万元建成,年产 15 万吨有机生态肥,项目利用糖厂滤泥、锅炉灰渣、污水处理厂活性污泥、酵母厂浓缩废液等有机废弃物为主要原料,通过添加氮、磷、钾,使用活性物质等生物技术进行发酵处理,以科学配方制成养分丰富的甘蔗、木薯、水稻等农作物的生态肥,从而达到节能减排,变废为宝,提高产品附加值,提高企业经济效益和社会效益的目的。广西灵山县湘桂生态肥料有限公司拥有肥料生产线三套,年产能力 15 万吨生态肥料,利用糖厂副产品滤泥和酵母厂废液经过生物菌种发酵,再添加一定量的氮、磷、钾和适量的硼、锌、钼等微量元素经科学配方和先进生产工艺制成有机生态肥,产品类型有生物有机肥、有机肥、有机—无机复混肥。复合肥生产项目在自治区制糖工业占有重要地位,先后建成凤糖生化股份有限公司年产 20 万吨有机生物肥、洋浦南华糖业集团年产 10 万吨生物肥、广西农垦长兴生物有机肥有限公司年产 6 万吨生物有机肥、广西来宾东糖凤凰有限公司年产 3 万吨生物有机肥、广西贵糖（集团）股份有限公司年产 3 万吨复合肥、广西凤糖柳城生态肥有限责任公司、广西凤糖罗城生态肥有限责任公司、龙州南华长丰生物有机肥有限公司、广西上上糖业有限公司复合肥厂、广西来源生态农业有限公司、广西神州金光生态肥料有限责任公司等。

2019 年对广西上上糖业有限公司、广西农垦长兴生物有机肥有限公司、广西来源生态农业有限公司、广西神州金光生态肥料有限责任公司等企业进行调研，4 家企业均是利用滤泥生产有机肥、营养土，生产的工艺基本相同，区别主要在发酵环节。广西农垦长兴生物有机肥有限公司，有机肥生产规模为 10 万吨/年，总投资 6 000 万元，其中设备投资 800 万元，由于厂区建设规模较大，投资较大。有机肥生产采用槽式机械翻堆方式，发酵时间 15 d 左右，两个配方有机肥养分（N+P$_2$O$_2$+K$_2$O）分别为 25%、20%，养分 20% 的有机肥 1 790 元/吨。制糖产生的滤泥全部用完，生产的有机肥全部用于甘蔗种植，糖厂补贴蔗农 100 元/吨有机肥。通过使用有机肥料的农户反馈，施用有机肥能明显改良土壤、提高地力，避免土壤板结，使土壤具有良好的保水、保肥、通透缓冲等特性，并且有机肥肥效长，促进农作物生长，有效提高农作物产量，受到农户的欢迎。有机肥生产工艺的缺点是发酵、翻堆均为敞开式，产生臭气，对环境影响较大。广西上上糖业有限公司年产生滤泥 4 万吨，40% 滤泥（1.6 万吨）外销，60% 滤泥（2.4 万吨）用于生产有机肥，有机肥主要是供给蔗农种植甘蔗施用，不向市场销售。采用传统的生产工艺生产有机肥，条式人工翻堆方式，两个配方有机肥养分（N+P$_2$O$_2$+K$_2$O）分别为 25%、18%，养分 25% 的有机肥 1 700 元/吨。广西来源生态农业有限公司其滤泥处置有别于其他企业生产工艺的是发酵技术，主要是在滤泥中添加秸秆类、粪便/污泥等进行配方后，在高塔内利用零能耗好氧发酵技术进行发酵，而传统发酵工艺均是敞开式的堆存发酵。此外，在生产过程中无氮、磷、钾等无机肥料添加，生产成品为有机营养土。其优点是：发酵在密闭罐内进行，生产过程无臭气排放；自动化程度高，可大规模工厂化生产；运营成本低，发酵过程不需翻转，可自动调节水分、温度和通气，无耗能；发酵效率高，发酵时间为 15～20 d；滤泥无堆存，占地面积少，土地资源利用率高。缺点是：投资大，年处理 5 万吨滤泥需要的设备投资 1 300 万元，厂房建设投资 400 万元；产品养分含量较低（N+P$_2$O$_2$+K$_2$O ≥ 3%），未达到有机肥养分 ≥ 5% 的要求，只能做基肥用，追肥时需补充施用化学肥料；施用量较大（每亩地需用 0.7～1 t），营养土价格较高（450 元/吨），推广难度大。广西神州金光生态肥料有限责任公司采用传统的生产工艺，生产规模为年产 1 万吨有机肥，条式人工翻堆方式。未处理的滤泥露天堆放，扬尘较大，如遇雨天雨水冲刷滤泥，流失滤泥对环境造成污染，环境安全隐患较大。

三、碳酸法滤泥

碳酸法滤泥干物中 CaCO$_3$ 含量达 70%～80%，以无机物为主，有机物含量 15% 左右，呈碱性，传统的处理方式是进行填土处理，或直接排到江河当中，造成水体发生悬浮物及生物需氧量负荷的大幅度上升问题，对水体带来严重污染，甚至导致河道淤塞。碳酸法滤泥的处理和利用已经进行了几十年的研究和探索，但由于我国实际情况及经济效益等原因，目前仍没有理想的处理方法。

现将实际使用情况及利用技术介绍如下。

1. 填土

填土是最直接也最简便的方法，实际上这也是国内大部分碳酸法厂所采用的方法，它可以直接消除滤泥排江造成的污染，而且不用大的设备投资，但是须有较大的地方来存放。

另外，滤泥并不同于泥沙，它的物理和化学性质都使它不太适合用作填土。首先，滤泥具有强碱性，不能用于普通耕地；其次，滤泥含有一定的有机物，用于铺路时会因有机物变质而发臭，一般的施工地方都不能使用，只能在远离人群的地方堆放；最后，滤泥具有较强的吸水性，多层堆积后内部易藏水，难以用机车将之压实，因而存放所占面积较大，且松软、不坚实。

总体来看，将滤泥用作填土是一个暂时的、不得已的办法，它不但不能为企业带来新的经济效益，还要付出不少的土地使用费用和运输费用。

2. 改良土质

对于某些偏酸性的耕地，利用碳酸法滤泥具有强碱性的特点，加入适量的滤泥可调节土地的酸碱度。有些土地由于长期使用化肥，土壤变酸，有机质下降。碳酸法滤泥含碳酸钙及少量有机质，可以增加微生物繁殖、疏松土壤，用钙离子转换钠离子，达到改造土壤的作用。

这种方法资源得到了合理的利用，也具有经济价值，国外有些国家利用碳酸法滤泥作为碱性、酸性土壤的改土剂。在我国，只有免费或象征性收费送到农民的酸性土地里，农民才会使用滤泥作为改土剂，而长距离无偿运输费用较大，糖厂无法承受。

3. 制作有机—无机复合肥

碳酸法滤泥除含有36%～40%的钙（以CaO计）外，还含有机质和许多植物生长需要的元素，因而具有一定的肥效。碳酸法滤泥碱性大、含钙量高，若单独以肥料的形式大量施用，容易造成土地板结。广东江门甘化厂制成以碳酸法滤泥为主要配方的改土剂和营养粘结剂，在广州郊县及博罗、英德、四会等地对水稻、玉米、花生、果、蔬菜等8种主要作物进行试验，结果表明，对酸性土壤有增产和改良的效果。广西贵糖（集团）股份有限公司以滤泥、酒精发酵浓缩醪液、煤灰、蔗糠等为原料，制成中性复合肥，用于种植甘蔗，每公顷蔗田施复合肥30 t，甘蔗平均增产23%，效果良好。

滤泥制有机肥

用滤泥作为复合肥原料是一个有一定实用价值的方法，然而由于碳酸法滤泥碳酸钙含量过高，氮、磷、钾相对含量偏少，本身的肥效低，如果要达到一般农用复合肥同等的肥效，主要靠外加大量的磷、氮、钾等肥料成分，滤泥占的分量很少，且滤泥水分较高，干燥也要投入一定的成本。因此，利用滤泥作为复合肥的原料，竞争力不大。

4. 湿法制水泥的原料

表4-2所示为广西贵糖（集团）糖厂碳酸法滤泥主要成分。由表中数据可知，氧化钙含量在50%左右，可以满足生产水泥的需要。表4-3所示为利用滤泥生产水泥的品质指标，水泥质量可达到优等品的要求，各种成分，含量与生产水泥所需的石灰石大致相同。

表 4-2　广西贵糖（集团）糖厂碳酸法滤泥主要成分　　　　　　　　　%

CaO	SiO₂	Fe₂O₃	Al₂O₃	MgO	P₂O₅	K₂O	有机物
40～50	1.5～3.4	0.2～0.5	0.5～1.6	0.9～2.0	0.5～1.6	0.1～2	12～15

表 4-3　利用滤泥生产水泥的品质指标

标准稠度需水量	25.6%	细度	2.7
初凝时间	2.15 h	终凝时间	3.00 h
安定性沸点	合格	SO₃	2.29%
MgO	1.73%	烧失量	1.45%
3 天抗折强度	5.6 MPa	3 天抗压强度	32.2 MPa
28 天抗折强度	8.1 MPa	28 天抗压强度	62.1 MPa

但是在试验过程发现，滤泥中含有一定量的有机物，特别是蛋白质等含氮化物在烧制过程会产生强烈的恶臭，对生产环境与空气产生一定的污染，因此该技术没有得到工业化的推广应用。

四、亚硫酸法滤泥

亚硫酸法滤泥钙盐含量比较少，干滤泥中有机物总量在80%左右，主要为类脂物（蔗蜡与蔗脂）5%～14%，纤维15%～30%，糖分5%～15%，粗蛋白5%～15%，总灰分9%～20%，还富含各种矿质物质，如氮、磷、钾及其他微量元素。

1. 当作肥料直接使用和制有机复合肥

（1）当作肥料直接使用。亚硫酸法滤泥含有丰富的有机质及植物生长所需的多种矿物质，可作为有机肥料使用于蔗田或其他农田。新鲜滤泥分解快，放出大量的热量及氨气，立即施用容易烧死蔗芽或蔗根。一般新鲜滤泥需要堆沤 6 周以上再使用，堆沤过程加盖薄膜或泥土，防止氮损失。滤泥含钾量比较少，可在使用前添加氯化钾。

（2）制有机复合肥。有机复合肥是一种有机肥与无机肥复混的肥料，以亚硫酸法滤泥为主要原料，以过生化处理后，再配入一定量的氮、磷、钾等其他营养物质，制成专用复合肥，如甘蔗专用或玉米专用复合肥。

工艺路线：滤泥从澄清车间运送到料场进行堆料生化处理，堆料完成后，进入干燥系统。干燥后的滤泥即可与无机肥料及辅料进行机械混合，最后经造料系统后检验、计量，包装后入库。

2. 制备生物炭及其缓释肥料

（1）生物炭。将滤泥热解制备成生物炭，一方面能够避免滤泥堆积在糖厂导致发酵发臭；另一方面热解产生的热解气能够燃烧后为糖厂供能。

生物炭作为热解技术的主要产品，在农业应用中生物炭是一种能够作为土壤改良剂的木炭，在促进植物生长、土壤保水保肥、提高土壤肥力等方面发挥巨大的作用。然而，生物炭矿物质营养成分含量有限，不能满足作物生长发育的需要，需制成生物炭基肥才能弥补该缺陷。滤泥生物炭不但可以调节土壤pH，降低土壤相对密度，从而改善其通水透气性，还可以对农药有一定吸附作用，降低养分释放速率，提高肥效和土壤的环境效益。滤泥生物质炭基肥以可溶性淀粉作为胶粘剂，通过造粒机将粉碎过后的生物炭和尿素制备成生物炭基肥料，具有良好的力学性能和肥料的缓释性能。

（2）生物炭的制备：湿滤泥在105 ℃的烘干后，贮存备用。采用限氧法制备滤泥生物炭，在500 ℃下热解6 h，冷却后将生物炭碾碎过80目（0.2 mm）筛，即得生物炭。

热解温度对生物炭的平均孔径、孔容、孔径分布、比表面积影响显著，热解制备温度的提高有利于生物炭孔隙结构的发育，热解温度在500 ℃时，生物炭的比表面积达到83.71 m^2/g。

（3）生物质炭基肥的制备。生物炭基缓释肥原料比例：尿素：生物炭1∶5，可溶性淀粉添加量为10%，水添加量为24%。原料混合均匀后采用造粒机进行挤压造粒，造粒完毕后在40 ℃下烘干，即得生物质炭基缓释肥。

从成型率、抗最大破碎压缩力强度、缓释性能和经济性等方面进行评价，滤泥炭基缓释肥料缓释效果明显优于传统肥料。

3. 从滤泥中提取蔗蜡

甘蔗蜡是一种呈白色或深黄色的蜡，自然黏附在甘蔗表面。在不同的温度下，甘蔗蜡通常以3种形式存在：固体蜡，半固体脂肪状和液体油状。分布于甘蔗皮表面的甘蔗蜡，具有防止水分流失、驱虫等作用。由于甘蔗产量较大，甘蔗皮面积较大且不平整，很难通过物理方式直接获得甘蔗蜡。在制糖生产过程中，甘蔗蜡跟随蔗汁转移，最终富集在澄清工段后产生的滤泥中，因此在工业上常常将滤泥作为生产甘蔗蜡的主要原料。从滤泥中提取蔗蜡，可以提高糖厂副产物的综合利用水平，提高经济效益。

石灰法糖厂的滤泥主要含碎蔗渣、糖分、胶体有机蛋白质、粗蔗蜡等，含蜡量最高，最高可达20%~30%（对干泥）。亚硫酸法糖厂的滤泥，含蜡量一般为8%~15%（对干泥）。碳酸法糖厂的滤泥，由于在制糖过程中使用大量的石灰滤泥产量大，滤泥含蜡量较低，通常只有2%（对干泥）。石灰法及亚硫酸法糖厂的滤泥可作为提取甘蔗蜡的原料。

目前国内从滤泥中提取蔗蜡有以下几种方法。

（1）溶剂提取法。溶剂提取法的主要原理是将滤泥溶于溶剂中，再将溶有蔗蜡的溶剂与滤泥分开，蒸发萃取液，蒸发残留物即为粗蔗蜡。

根据蔗蜡和蔗脂在不同溶剂中的溶解性不同，可利用蔗脂和蔗蜡都易溶于汽油、苯、热酒精等有机溶剂的特性，萃取出脂蜡，再利用蔗脂易溶于丙酮、冷酒精的特性，萃取分离出蔗脂。或先通过丙酮、乙醇或其他冷溶剂将蔗脂溶解，萃取分离出蔗脂，再利用蔗蜡易溶于热酒精、石油醚、苯、四氯化碳、汽油等的特性提取蔗蜡。

以下为采用干法提取甘蔗蜡，提取过程中按蔗脂除去与否，分为两种路线两步法提取蔗蜡（先分离除去蔗脂，再提取硬蔗蜡）和一步法提取蔗蜡（直接提取粗蔗蜡，后再脱脂精制）提取工艺流程和提取工艺如图4-1、图4-2所示。

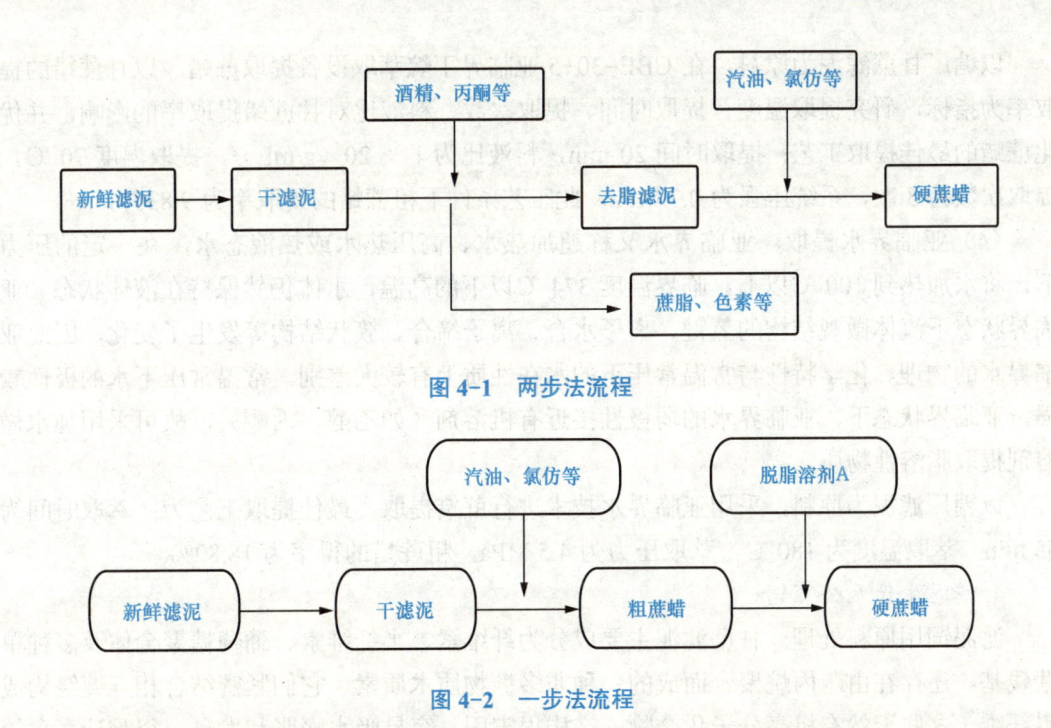

```
                        酒精、丙酮等              汽油、氯仿等
                             ↓                        ↓
   新鲜滤泥 → 干滤泥 ────────────→ 去脂滤泥 ─────────→ 硬蔗蜡
                             ↓
                        蔗脂、色素等
```

图 4-1　两步法流程

```
                        汽油、氯仿等              脱脂溶剂A
                             ↓                        ↓
   新鲜滤泥 → 干滤泥 ────────────→ 粗蔗蜡 ──────────→ 硬蔗蜡
```

图 4-2　一步法流程

提取粗蔗蜡的溶剂为汽油，蔗蜡产率为 9.0%～12.5%，汽油回收率为 70% 左右。分离蔗脂的溶剂为酒精，蔗脂产率为 6%～8%，酒精回收率为 64.3%～73.3%。比较表明，一步法提取蔗蜡的产率比两步法高 2～3 个百分点，但一步法提取的蔗蜡中含蔗脂较多，纯度较低，需对其进行除脂处理。

粗蔗蜡需经除灰、脱脂和脱色处理进行精制。粗甘蔗蜡通过除灰处理后，可得到纯度 80% 以上的除灰蔗蜡，除灰后的蔗蜡通过丙酮－异丙醇工艺进行脱脂，可制得暗黄色或棕黄色的精制蜡，产率为 48.9%～52.9%，再采用过氧化氢进行脱色，脱色率达到 72.7%～80.9%。粗蔗蜡通过除灰、脱脂与脱色等工序，可制得色泽为淡黄色、光泽性好、纯度达到 90% 以上的精制蜡。

（2）超临界二氧化碳提取。超临界流体，也称超临界气体，是指其温度和压力略超过或靠近物质的临界温度和临界压力，介于气体和液体之间的流体。它不同于气体和液体，既具有气体的某些特征，同时又保留了液体的某些特征。接近液体的密度使它对溶质具有较高的溶解度，接近气体的黏度系数使它有较好的流动性，扩散系数大于液体使它对所萃取的物质有较好的渗透性，溶质进入超临界流体具有较高的传质速度，适用于从难以分离物质中提取所需的物质。

以糖厂滤泥为原料，采用超临界二氧化碳技术进行蔗蜡（高级脂肪醇）的提取，最佳工艺条件为萃取压力 30 MPa，萃取温度 50 ℃，萃取时间 6 h，物料粒度为 20 目，高级脂肪醇提取率 2.30%。

（3）亚临界丁烷提取。亚临界丁烷萃取技术是利用丁烷在温度和压力均介于临界范围内，具备液体的性质进行萃取的。它根据相似相溶原理，从天然产物中提取目标组分的一种新技术。亚临界萃取技术是一种物理变化过程，样品中目标产物不会被破坏。最重要的是整个过程低温低压，萃取时间短，运行周期短，萃取完成后，溶剂能够完全回收再利用。

以糖厂甘蔗滤泥为原料，在 CBE-30+5 亚临界丁烷萃取设备提取蔗蜡。以甘蔗蜡的提取率为指标，研究提取温度、提取时间、提取次数、料液比对甘蔗蜡提取率的影响，并优化蔗蜡的最佳提取工艺：提取时间 20 min，料液比为 1∶20（g/mL），提取温度 70 ℃，提取次数为 3 次，系统压强为 0.7 MPa。此工艺条件下粗蔗蜡的提取率为 9.835%。

（4）亚临界水提取。亚临界水又称超加热水、高压热水或热液态水，在一定的压力下，将水加热到 100 ℃ 以上，临界温度 374 ℃ 以下的高温，水体仍然保持在液体状态。亚临界状态下流体微观结构的氢键、离子水合、离子缔合、簇状结构等发生了变化，因此亚临界水的物理、化学特性与常温常压下的水在性质上有较大差别。常温常压下水的极性较强，亚临界状态下，亚临界水的弱极性接近有机溶剂（如乙醇、丙酮），故可采用纯水做溶剂提取脂溶性物质。

以糖厂滤泥为原料，采用亚临界水技术进行蔗蜡提取，最佳提取工艺为：萃取时间为 65 min，萃取温度为 180 ℃，萃取压力为 4.5 MPa，粗蔗蜡的得率为 18.82%。

4. 滤泥生产无公害饲料

滤泥饲用原料处理。甘蔗滤泥主要成分为纤维素、半纤维素、葡萄糖聚合体及多种单糖残基，还存在由苯丙烷聚合而成的一种非多糖物质木质素。它们紧密结合相互缠绕构成粗纤维，这些天然有机高分子化合物，结构很牢固，容易吸水膨胀和发臭，很难让畜禽等单胃动物的消化液和酶所分解，消化和吸收率很低。针对这一情况，引入生物环保处理新工艺，在对甘蔗滤泥进行综合利用加工预处理的同时，同步获得高值化伴生物。

滤泥处理工艺如下：刚出厂的糖厂滤泥经输送带送进螺旋压滤机脱水，含水率由 75% 降至 55% 左右，再由斗式提升机将滤泥输送到发酵罐，入罐前由固定在提升机旁的喷淋装置将专用生物发酵剂喷成雾状与滤泥溶合，随后进入搅拌机均匀搅拌，再进入发酵罐；滤泥经发酵后由输送带送至三级干化机内，在 80～120 ℃ 高温中旋转烘烤，水分控制在 15% 以下。烘干后经旋风分离器分离，再经斗式提升机送进冷却机内冷却，降温后经贮斗称量至缝口机进行包装。包装后送至临时转运库。滤泥处理工艺流程如图 4-3 所示。

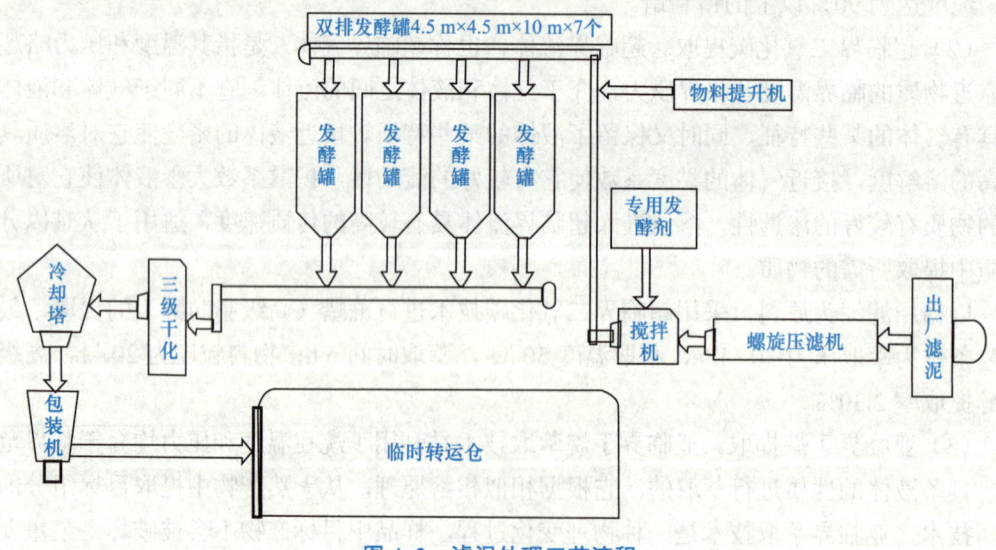

图 4-3　滤泥处理工艺流程

以上均为20世纪较早期的工艺成果，目前工业应用较成熟为无公害饲料的生产工艺是以经发酵处理的滤泥为原料，与木薯渣、谷糠等混合烘干，再加入豆粕、菜麸、鱼粉等，经搅拌粉碎制成颗粒状饲料，可用于饲养各种畜禽、水产鱼虾等动物。

生产工艺流程：原料选配—粉碎—搅拌混合—制粒—冷却—称量包装。

滤泥无公害生物饲料具有以下特点。

（1）健康安全：采用纯物料配制，不添加任何抗生素、促长素、重金属。

（2）环保生产：生产过程完全处于常温、零排放状态，无异臭气味。

（3）质量好：50%以上物料经不同的发酵工艺处理，能量物质丰富，营养成分高并易于消化吸收，不含任何有害残留物质。

（4）品质高：饲养的鸡、鸭、猪、羊、牛、海鱼海虾、淡水鱼类等，肉质清甜爽口、异常鲜美，经检测均达到无公害食品标准。

（5）成本低：大部分原料采用废渣料物质，因此降低了饲料的生产成本。同时由于产品富含天然核苷酸、活性肽、多种氨基酸和多种维生素等，能补充畜禽快速生长时期内源核苷酸合作的不足，加快动物机体肠上皮细胞、肝脏细胞、淋巴细胞等的复制及分裂繁殖，从而提高畜禽日增重，降低料肉比，减少饲料支出；此外还具有很显著的免疫、修复、解毒功效，从而降低动物发病率，大大减少用药成本。

思考题

1. 简述碳酸法滤泥综合利用的难点。
2. 简述从滤泥中提取蔗蜡的方法。

第五章
糖品深加工

● 学习目标

蔗糖深加工利用主要包括通过化学与生物化学方法制成的产品，本章介绍的主要是以蔗糖为原料生产相关的食品类产品，通过深加工提升产品附加值，延长产品产业链。通过本章学习，了解糖品深加工的利用途径，对低聚果糖、右旋糖酐、异麦芽酮糖醇、蔗糖脂、山梨醇、甘露醇、冰糖、三氯蔗糖、阿洛酮糖、果糖等蔗糖深加工产品具有初步的认识。

第一节 低聚果糖

低聚果糖（Fructo-oligosaccharide）又称蔗果低聚糖，英文缩写为 FOS，是由 1~3 个果糖基通过 β（2-1）糖苷键与蔗糖中的果糖基结合生成的蔗果三糖（GF_2）、蔗果四糖（GF_3）和蔗果五糖（GF_4）等的混合物。它的相对分子量不超过 823，分子聚合度为 2~7，平均聚合度为 2.7，低聚果糖具有以下特征。

（1）具有一定分散度，以果糖基为基本链节、以 β-（2-1）糖苷键彼此相连的聚合物。

（2）分子链上含有一个葡萄糖端基。

（3）结构简式可表示为：DFn，式中 G= 葡萄糖基，F= 果糖基，n=2-7。

低聚果糖不能被消化道中的酶所消化，广泛存在于多种植物中，如马铃薯、洋葱、香蕉、菊芋、黑麦等，低聚果糖有 3 种类型，聚合度不同，来源和结构也不同。线性长链果聚糖大多从菊苣根中提取，被称为菊粉，通常由 12 个果糖单位组成。低聚果糖（聚合度为 3~9）主要由菊粉水解或蔗糖酶促合成获得，由果糖链组成，末端为果糖或葡萄糖单体。短链低聚果糖是第三类低聚果糖，由不同的果糖链组成，末端带有葡萄糖单体。FOS 有良好的溶解性及热稳定性，相较蔗糖甜感纯正、甜度更低，对于提升食品口感、延长产品货架期、促进双歧杆菌生长繁殖、促进微量元素吸收等方面都有一定的功效。FOS 通常被认为是安全的（GRAS），因此常被用作糖的替代品及功能食品中的成分，以降低肥胖、糖尿病、炎症和龋齿的风险。

一、低聚果糖的性质

低聚果糖的黏度、保湿性、吸湿性及在中性条件下的热稳定性等特性都与蔗糖相近，低聚果糖在食品加工方面不但具有蔗糖的优良性能、口感圆润，而且还具有多种糖所不具有的优良性能。

1. 甜度和味质

FOS 是无糖型、低热值、高纤维食品配料。纯度为 50% ~ 60% 的低聚果糖的甜度约为蔗糖的 60%，纯度为 95% 的低聚果糖甜度仅约为蔗糖的 30%。且较蔗糖甜味清爽，味道纯净，不带任何后味，在饮料、食品加工中有降低甜度和改善味质的作用。也可与高强甜味剂（如阿斯巴甜等）混合使用以取代蔗糖，从而有效增强食品的甜度。

2. 热值

体内测量的聚果糖热值仅为 1.5 kcal/g，热值极低，在饮料、食品中添加低聚果糖可以极大降低食品的热量。

3. 黏度

在 0 ~ 70 ℃范围内，低聚果糖的黏度近似玉米糖浆，但随温度上升而下降，食品加工时容易操作。

4. 保湿性

低聚果糖的保湿性与山梨醇、饴糖相似，适用于保湿时间长的食品，以保证食品的货架期。

5. 热稳定性

低聚果糖在 120 ℃中性条件下，稳定性与蔗糖相近。在 pH 为中性时，低聚果糖在 140 ℃条件下仍非常稳定，但在酸性条件下（pH=3、70 ℃以上或 pH=4、90 ℃）时，低聚果糖极易分解，稳定性明显降低，低聚果糖在 −25 ~ 5 ℃的低温条件下储存很稳定。

6. 其他加工特性

低聚果糖的溶解性、非着色性、赋形性、耐碱性、抑制淀粉老化等方面优异。低聚果糖的生理功效良好，很难被人体吸收，且能量值很低，不会导致肥胖，是双歧杆菌的有效增殖因子，通过刺激有益肠道菌群的生长，可以调节肠道微生物，促进排便，缓解便秘程度，抑制肠道有害物质的生成。

7. 调节肠道微生态

通过添加低聚果糖，肠道菌群数量得到提高，排便量也有所增加。低聚果糖可以使肠道中的益生菌更好地生长，特别是能够增殖双歧杆菌和乳酸菌，最终减少胃肠道疾病的发生。另有研究表明，低聚果糖不仅能充当碳源或营养物质，而且还可以促进并调节双歧杆菌的生长，并有黏附作用。

8. 改善便秘现象

低聚果糖在被肠道被利用后可产生气体、短链脂肪酸和乳酸盐，这些物质能影响消化道的运动性，从而有利于改善便秘。

9. 促进矿物质的吸收

低聚果糖能促进机体对矿物质的吸收，而吸收矿物质这一过程主要是在大肠发生，在肠道内被有益菌利用，通过发酵产生有机酸，使肠道内的 pH 降低，改变了矿物质在肠道内的运输过程，主动运输和被动运输都得到增强，最终使得矿物质在肠道内的代谢得到改善。

10. 调节脂类代谢

低聚果糖可以调节肝脏中脂肪代谢，降低血清胆固醇，提高 HDL/LDL（低密度脂蛋白）值。

11. 增强免疫力

低聚果糖可以促进双歧杆菌增殖，而双歧杆菌具有很强的免疫刺激作用，能刺激巨噬细胞使其产生活性，巨噬细胞被激活后分泌抗菌素，使淋巴细胞被刺激而分裂，不断生成淋巴细胞。对动物免疫力而言，肠道内淋巴组织起重要作用，所以肠道内有关淋巴组织的增强，可以使动物免疫力得到提高。

二、低聚果糖生产概况

2003 年，广西奥立高生物科技有限公司依托广西大学建成，年产 10 000 t 的低聚果糖浆，随后广西凤糖生化股份有限公司、南宁纵联科技有限公司先后实现量产低聚果糖。

三、以蔗糖为原料的低聚果糖生产工艺

低聚果糖主要有两大类生产工艺，一是利用微生物发酵产生的 β-果糖基转移酶或 β-呋喃果糖苷酶作用于蔗糖，进行分子间果糖基转移反应生产低聚果糖的方法；二是以植物菊粉利用内切菊粉酶进行催化水解菊粉而生产得到的工艺方法。

以蔗糖为底物酶法生产工艺，其产物主要为聚合度 $n=2 \sim 4$ 的蔗果三糖、蔗果四糖、蔗果五糖，分子量更大的蔗果糖极少，以蔗糖为原料生产的 95% 纯度的低聚果糖，其中 GF_2、GF_3、GF_4 占了总糖的 95%。

以蔗糖为底物酶水解法工艺流程如下：

黑曲霉→培养→果糖转移酶→转移酶反应→过滤→脱色→脱盐→浓缩→低聚果糖

以蔗糖为原料，工业生产上一般采用黑曲霉等产生的果糖转移酶作用于高浓度（50%～60%）的蔗糖溶液，经过一系列的酶转移作用而获得低聚果糖产品。首先将筛选出具有较高 β-D-呋喃果糖苷酶活力的黑曲霉菌株接种于 5%～10% 蔗糖培养液中，在 30 ℃下震荡培养 2～4 d，获得具有较高果糖苷转移酶活力的黑曲霉菌体。为了提高酶活力，可往培养液中适当添加些氮源物质（如蛋白胨或 NH_4NO_3，0.5%～0.75%）和无机盐（如 $MgSO_4$ 或 KH_2PO_4，0.1%～0.15%）。在获得高活性果糖基转移酶后，将 50%～60% 的蔗糖糖浆在 50～55 ℃的温度下，以一定的速度流过固定化酶柱或固定化床，使酶作用于蔗糖发生转移反应，接着用活性炭脱色、膜分离或离子交换树脂脱盐等手段进行分离提纯，经浓缩后得到低聚果糖含量为 55%～60% 的流体糖浆产品（如低聚果糖 G），如进

一步分离提纯，可制得低聚果糖含量为 95% 的高纯度产品（如低聚果糖 P）。

低聚果糖的生产工艺，已从第一代的液态发酵技术、第二代的固定化细胞催化技术，发展到第三代固定化酶催化生产技术。

低聚果糖产品应符合《低聚糖质量要求　第 2 部分：低聚果糖》（GB/T 23528.2—2021）的要求，理化要求见表 5-1。

表 5-1　《低聚糖质量要求　第 2 部分：低聚果糖》（GB/T 23528.2—2021）

项目		液体产品		固体产品	
		蔗糖来源	植物来源	蔗糖来源	植物来源
低聚果糖含量（以干基或干物质计）[a]/（g/100 g）	≥	50			
干物质（固形物，质量分数）/%	≥	75	70	—	
水分 /%	≤	—		5	
pH		4.0～7.0			
灰分 /%	≤	0.4			
色度	≤	0.3	0.6	—	
透光率 /%	≥	85	80	—	

[a] 企业根据实测数据标示。

四、低聚果糖的应用

低聚果糖具有优良的理化特性和生理功能，使之可以作为功能性甜味剂或者生理性活性物质，获得非常广泛的应用，尤其是在食品领域应用广泛。

1. 在婴幼儿配方奶粉中的应用

《关于公布食品添加剂新品》（中华人民共和国卫生部 2009 年第 11 号公告）中，根据《中华人民共和国食品安全法》和《食品添加剂卫生管理办法》的规定，明确低聚果糖（作为益生元类物质的来源之一）在婴儿配方食品、较大婴儿和幼儿配方食品中总量不超过 64.5 g/kg。

2. 在酸奶中的应用

消费者对发酵酸奶的需求不仅满足于其口感，发酵乳的功能化和消费人群细分化逐渐成为其发展趋势，低聚果糖是一种水溶性膳食纤维，具有良好的理化性质和益生元功效，被用于酸奶制品中，增强肠道免疫力，促进消化，调节肠道环境，增强肠道动能。

3. 在饼干饮料、果汁中的应用

GB/T 23528.2—2021 低聚糖质量要求　第 2 部分：低聚果糖可作为食品或食品原料使用。

4. 低聚果糖在特殊医学用途配方食品的应用

低聚果糖可以促进肠道有益微生物繁殖并抑制有害菌，改善肠道功能紊乱患者肠道微生态，提高机体抗病力，从而促使肠道功能恢复正常。

5. 低聚果糖在动物饲料的应用

低聚果糖用作饲料添加剂安全无毒，不被胃肠道内源酶消化，在动物体内无残留，它可以改善肠道微生物区系、促进动物肠道发育、调节蛋白质、脂质代谢、促进矿物质吸收、增强免疫力，具有抗生素的作用却无畜体残留，不产生抗药性，低聚果糖在饲料中能够有效替代禁止使用的抗生素，具有提高免疫、调节健康、增重等功效，在养殖动物饲料领域具备广阔的应用前景。低聚果糖对动物健康有着积极作用，降低肠道 pH，有利于益生菌增殖，同时约束有害菌的滋生；减少腹泻，改善养殖环境，降低酚类、亚硝铵类、氨等有毒产物的产生量；有效降低血清中的血脂与胆固醇；促进矿物吸收，利于合成维生素；提高机体免疫力、对病原微生物的抵抗力。由此，低聚果糖在饲料中能够有效替代近年禁止使用的抗生素，具有提高免疫、调节健康、增重的功效。

● 思考题

1. 简述低聚果糖的主要性质。
2. 简述低聚果糖的生理功效。
3. 简述以蔗糖为底物酶水解法的工艺流程。

第二节　右旋糖酐

右旋糖酐是由 α-D-葡萄糖聚合而成的一种同多糖，因具有很强的正旋光性，故又称为"右旋糖酐"。其定义为由肠膜状明串珠菌（Leuconostoc mesenteroides）产生的胞外多糖，主要是 α（1→6）糖苷键连接的葡萄糖，有时也有 α（1→2）、α（1→3）、α（1→4）分支结构。不同分子量的右旋糖酐在临床上有多种用途，如作为血浆代用品、疏通微血管、防治血栓等。很多微生物细菌都能够产生右旋糖酐，包括明串珠菌属（Leuconostoc）、链球菌属（Streptococcus）、乳酸杆菌属（Lactobacillus）、醋酸杆菌属（Acetobacter）、魏斯氏菌属（Weissella）和戊糖片球菌属（Pediococcus pentosaceus）等。其中肠膜明串珠菌（Leuconostoc mesenteroides）是生产右旋糖酐最常用的微生物，它是革兰氏阳性、兼性厌氧菌。肠膜明串珠菌常常存在于植物中，尤其是存在于成熟期的植物中，主要在植物腐败过程中起作用。肠膜明串珠菌通常被认为是安全的微生物，因为它经常存在于天然的发酵食品中。

右旋糖酐的 D-葡萄糖单元以 α（1→6）糖苷键相连。α（1→6）糖苷键水溶性很好，是右旋糖酐可以作为人工代血浆的主要原因之一。药用右旋糖酐对分子链结构有较高的要求，一般要求直链为 α（1→6）糖苷键链接，且 α（1→6）糖苷键占总的糖苷键 90% 以上，而支链生成率要求控制在 5% 以内。然而右旋糖酐的分支结构、特性及产量与很多因素有关，但其中与之关系最为紧密的是微生物菌株本身。不同微生物菌株所产生的右旋糖酐，它的糖苷键类型、含量及溶解度等性能有较大差异，目前，在欧美等国用于商业化生产药用右旋糖酐的菌株为 L.M. NRRL B-512F，因为该菌株所产右旋糖酐的直链（主链）为 α (1→6) 糖苷键相连，在所有糖苷键中占 95% 以上，且支链较少。

在制糖生产过程，多个环节都适合微生物滋长，肠膜明串珠菌（Leuconostoc mesenteroides）会在制糖过程通过发酵蔗糖产生高分子量右旋糖酐，使其掺杂在所有糖品中，对制糖生产造成多种不利影响，包括使糖液黏度增大，妨碍糖液过滤；阻碍蔗糖结晶，使糖晶体变形；糖成品含有葡聚糖，影响糖的后续应用等。

一、右旋糖酐的生产概况

广西化工研究院有限公司从 20 世纪 70 年代开始便从事兽用补铁针剂方面的研究，相继开发出了右旋糖酐系列、右旋糖酐铁系列、淀粉多糖铁系列产品，形成了三晶牲血素、血多邦 50 mL、血多邦 10 mL、10% 益多邦、15% 益多邦等兽药产品，产品畅销国内市场多年，目前正在筹建 350 吨 / 年右旋糖酐生产项目。

二、右旋糖酐的性质

右旋糖酐是一种白色、无定形固体，无臭无味，比旋度为 +190°～+200°，在甲醇、乙醇、乙醚和丙酮中不溶。因为不同菌株产生的右旋糖酐结构有差异，所以其性质也有差异。大部分右旋糖酐能溶于水，形成无色黏稠溶液，有小部分右旋糖酐仅能在水中溶胀，右旋糖酐溶于水中能形成一定黏度的胶体溶液，在 6% 生理盐水中渗透压和黏度与血液相同。一定分子量的葡聚糖的分子大小约为 40 Å，大小相近血浆蛋白和球蛋白，胶体特性也类似血浆，其对细胞的功能和结构没有不良影响。右旋糖酐在中性溶液中可稳定存在，在酸性溶液中会降解，令平均分子量下降，在碱性环境中其端基容易被氧化。利用右旋糖酐的化学性质，《中华人民共和国药典 2010 年版二部》规定了的右旋糖酐鉴别方法：将样品与氢氧化钠和硫酸铜在水溶液中反应，生成淡蓝色沉淀；加热后变成棕色沉淀。

三、右旋糖酐的生产工艺

右旋糖酐的生产工艺比较成熟，传统的生产流程分为 5 步：第一步，发酵。通过肠膜明串珠菌发酵蔗糖，得到含右旋糖酐的发酵液；第二步，醇沉。通过往发酵液添加乙醇，使大部分右旋糖酐沉淀下来，并达到去除部分杂质的目的；第三步，水解。醇沉得到的右旋糖酐分子量较大，而一般应用场合要求分子量较低，所以需要进行水解来降低分子量。方法是加入盐酸至一定 pH，升温水解；第四步，中和。加入氢氧化钠，中和反应体系至中性，再进行脱色、脱盐、除杂；第五步，划分。利用不同浓度的乙醇溶液，分级醇沉，得到多种不同分子量，且分子量分布较窄的样品。

利用微生物发酵蔗糖生产右旋糖酐的工艺大致可分成 3 大类。

1. 直接发酵法

国内生产右旋糖酐工艺主要采用直接发酵法,即蔗糖由肠膜明串珠菌发酵高分子右旋糖酐,经过酸解醇沉分离纯化后得产品。这种工艺装置简单、周期短、蔗糖利用率较高、成本较低,但生产中需使用大量乙醇,造成不容易控制右旋糖酐的分子量的后果。

2. 定向发酵法

定向发酵法通过控制发酵条件来实现,获得不同分子量的右旋糖酐,控制一定的生产工艺条件,经发酵产出符合分子量要求的右旋糖酐。主要用来生产低分子的右旋糖酐,但这种方法是通过控制菌株的生长条件来调节右旋糖酐的分子量,并且一般情况下都不是菌株的最佳生长条件,所以蔗糖利用率不高。

3. 固定化酶发酵法

当前国外较为先进的技术是利用固定化酶技术来生产右旋糖酐,此法具有杂质少、产品较易分离、酶可重复使用等优点。经过分批间歇反应和连续反应的研究,得到用固定化细胞制备右旋糖酐的控制参数,虽然固定化细胞的重复利用次数较多,但总酶活损失明显。而且纯化酶难得到、价格高,同时产物分子量也不易控制。

四、右旋糖酐的应用

右旋糖酐无毒,黏性高,生物相容性、稳定性、水溶性良好,被广泛用于医药、石油、食品、化妆品等领域,尤其是中、低和微分子量的右旋糖酐在医药行业应用较多,可用于代血浆药物、补血剂等产品等。

(1) 在医药领域中的应用。右旋糖酐及其衍生物在医药行业上应用广泛,$10^4 Da < M_w < 10^5 Da$ 的分子量片段的右旋糖酐最适合在临床上用作血浆替代品,分子量过低的右旋糖酐容易在肾脏循环中丢失,而分子量过高的右旋糖酐会干扰血液的正常凝固。目前3种能应用于临床作为血浆替代品的右旋糖酐制剂为 Dex-70、Dex-40 和 Dex-20,《中华人民共和国药典 2010年版》对其分子量及分子量分布有明确要求,具体作用见表5-2。小分子量(6 000~8 000 Da)的右旋糖酐可以与铁形成复合物,静脉注射右旋糖酐铁可以用于治疗贫血;低分子量的右旋糖酐硫酸酯具有抗凝血功能,是一种核糖核酸酶的强抑制剂,还可以用于人体免疫缺陷型病毒的治疗。此外大分子右旋糖酐还可以用作降血糖、抗肿瘤等药物的载体。

表5-2 《中华人民共和国药典 2010年版》3种临床药用右旋糖酐的分子量及分子量分布的质量标准

项目	中分子量的 Dex-70	低分子量的 Dex-40	小分子量的 Dex-20
重均分子量(M_w)/Da	64 000~76 000	32 000~42 000	6 000~24 000
分子量分布要求	10%大分子部分的 $M_w \leqslant$ 185 000 Da,10%小分子部分的 $M_w \geqslant$ 15 000 Da	10%大分子部分的 $M_w \leqslant$ 12 000 Da,10%小分子部分的 $M_w \geqslant$ 5 000 Da	10%大分子部分的 $M_w \leqslant$ 70 000 Da,10%小分子部分的 $M_w \geqslant$ 3 500 Da
作用	用于血浆代用品,其中 Dex-70 主要有扩充血容量的作用;应用于出血性、烧伤性及创伤性休克,而 Dex-40、Dex-20 具有抗血栓和消除血管内红细胞聚集的作用,能够改善微循环		

（2）在食品行业中的应用。在食品工业中，右旋糖酐常用作保湿剂、赋形剂、稳定剂和增稠剂等，高分子量的右旋糖酐（$M_w=1\times10^6 \sim 2\times10^6$ Da）可以作为食品添加剂；添加到面包中，可增加面团延伸度、柔软度、比体积，改善面包的质地；减少水分迁移和损失、延缓老化速率、延长保存期，全面提高面包质量。还可以用于果糖糖浆，以及糖果中阻止蔗糖结晶。此外，高分子量右旋糖酐还可以用于烘焙食品中，提高其膨胀度；小分子量右旋糖酐还可以作为益生元，可以被用作动物和人类营养添加剂。

（3）右旋糖酐在化工行业的应。在碱性溶液中，大分子量的右旋糖酐（$M_w>10^6$ Da）与环氧氯丙烷反应可以合成交联葡聚糖，用于分子筛，作为色谱柱的填充剂，分离和纯化生物大分子物质；大分子右旋糖酐还可以与聚乙二醇构成双水相体系，用于物质的萃取分离。

（4）其他应用。右旋糖酐的结构中分布着很多自由的羟基和羧基基团，可以用于修饰纳米粒子，提高其亲水性及生物相容性。用右旋糖酐包裹的纳米金簇可以提供荧光性能的信号源，可用于细菌的标记。用右旋糖酐包裹纳米氧化铁，用于磁共振成像剂、磁热疗和靶向性药物运输等。巯基葡聚糖与银、汞、铜、金等重金属的亲和作用强，可以用于治疗急性重金属中毒，以及净化环境中的重金属。此外，右旋糖酐还可以用于眼睛及皮肤的护理品；在石油工业中，还可以作为油井钻泥的保水剂。

● 思考题

1. 利用微生物发酵蔗糖生产右旋糖酐的生产方法有哪几种？
2. 简述右旋糖酐在医药领域中的主要应用。

第三节　异麦芽酮糖醇

异麦芽酮糖（Isomaltulose）最早是1957年在甜菜制糖过程中发现的，是一种结晶状的还原性二糖，由葡萄糖与果糖以 α（1→6）糖苷键结合而成，分子式为 $C_{12}H_{22}O_{11} \cdot H_2O$，相对分子质量为360.32，熔点为122～123℃，比蔗糖（182℃）要低得多；其旋光度[α]20D=97.2°，还原活性是葡萄糖的52%，是一种结晶状的还原性双糖，其结晶体含有1分子的水，失水后不呈结晶状。异麦芽酮糖中的果糖基加氢后，可生成等量的 α-D-吡喃葡糖基-D-山梨糖醇（GPS）与 α-D-吡喃葡糖基-D-甘露糖醇（GPM），是这2种双糖醇异构体的混合物，为白色的无臭结晶，外观很像食用糖，称为异麦芽酮糖醇，国外称帕拉金糖醇（Palatinitol），又名帕拉金糖，在中国又称为益寿糖，是近年来在西欧兴起的新兴甜味剂。其特点为风味好、防龋齿、不吸潮，且热量仅为普通糖的一半，可以为糖尿病患者服用。

一、异麦芽酮糖醇的生产概况

广西维科特生物技术有限公司是广西金嗓子有限责任公司、广西科学院、广西科学院生物研究所共同出资设立的高科技企业，2006年在国内率先实现了异麦芽酮糖、异麦芽酮糖醇的工业化规模生产，也是迄今为止国内唯一能够生产98%以上纯度异麦芽酮糖醇的企业，2010年获得异麦芽酮糖、异麦芽酮糖醇两项生产技术国家发明专利。维科特牌异麦芽酮糖醇，2003年被国家经贸委列为国家重点新产品，2005年获得国家科技部、商务部、质监总局、环保总局联合颁发的国家重点新产品证书，2008年被国家卫生部批准为新资源食品现有主生产车间面积超过8 000 m^2，配备完善的生产和检测设备及GPM车间，通过了HACCP、ISO9001、HALAL、KOSHER等认证，可年产6 000 t异麦芽酮（糖）醇，正在筹备年产1万吨异麦芽酮（糖）醇新生产线。

二、异麦芽酮糖醇的性质

异麦芽酮糖醇为无气味白色、结晶状糖醇、不吸湿、甜味纯正、甜度为蔗糖的50%～60%，有遮蔽苦味的作用、低热量、热值仅为蔗糖的50%，约8.4 kJ/g，热稳定性好，加热时不分解，对酸、碱稳定，各种微生物很难利用，不易被酸与酶水解，不致龋齿。异麦芽酮糖醇的吸湿性比其他代糖品低，甚至比糖本身还低，异麦芽酮糖醇在25 ℃时，相对湿度85%时，实际上不吸收水分。事实上在60 ℃，相对湿度75%，或80 ℃，相对湿度65%时也不吸收水分。异麦芽酮糖醇不会产生棕色反应，这意味着它不会形成焦味。

三、以蔗糖为原料的异麦芽酮糖醇生产工艺

目前大规模工业化生产异麦芽酮糖醇，以酶法转化蔗糖为主要方法，以蔗糖为原料，工艺主要分2步，第一步是以蔗糖为原料经α-葡基转移酶（蔗糖异构酶）的作用生成异麦芽酮糖（帕拉金糖），第二步是异麦芽酮糖在催化剂作用下氢化为异麦芽酮糖醇（帕拉金糖醇），在氢化异麦芽酮糖的过程中，产生2个同分异构体，即GPS和GPM。再将GPS和GPM混合物经过浓缩、结晶、干燥即得成品。

异麦芽酮糖醇生产工艺流程如下：

蔗糖→灭菌→酶转化→催化加氢→浓缩→结晶→分离→成品

蔗糖异构酶可取自欧文菌族的Erwinia rhapontici（NCPPB1578，ATCC29283等菌株）。此菌经过发酵，可产生蔗糖异构酶，将此酶直接转化蔗糖，可生成异麦芽酮糖。也可以采用固定化方法，将此细菌细胞固定，然后将蔗糖液通过此固定化菌体，实现转化。在异构化后可以先将异麦芽酮糖结晶，分离得到异麦芽酮糖晶体，然后将异麦芽酮糖晶体溶解后加氢，得到的加氢液后，再次结晶，得到异麦芽酮糖醇晶体。也可以将异构后的异麦芽酮糖经过精制后，直接加氢，然后结晶，同样可以得到晶体状的异麦芽酮糖醇。前者的优点

是可以充分利用加氢装置能力，质量控制比较容易，后者则可简化工艺，减少一道结晶程序，减少投资。异麦芽酮糖的加氢条件要比葡萄糖加氢略高一些，可以采用我国普遍采用的间歇式加氢釜，也可以采用连续加氢装置，加氢压力可以从 4.0 MPa 到 12.0 MPa，温度在 135～145 ℃，用镍铝合金催化剂，也可以采用钌催化剂，催化剂用量基本上与葡萄糖相同。异麦芽酮糖醇很容易结晶，可以用蔗糖结晶时采用的蒸发结晶方法结晶，也可以采用类似葡萄糖结晶的卧式结晶罐结晶。从结晶性能来说，异麦芽酮糖醇比其他糖醇要优越得多，可用简单的结晶设备来完成，结晶颗粒也比较大。

异麦芽酮糖醇结晶时，收率为 60%～65%，其余 35%～40% 则存在于母液中，母液中含有 40% 左右蔗糖、葡萄糖与其他杂质，60% 左右的异麦芽酮糖醇。这部分母液可以作为糖浆直接用于食品加工饮料，也可以采用色谱分离的方法将这一部分异麦芽酮糖醇与其余杂质分离，分离出来的高异麦芽酮糖醇馏份重新返回进行结晶。

从蔗糖转化为异麦芽酮糖的转化率为 85% 左右，异麦芽酮糖醇的结晶收率可以达到 60%，总收率在 50% 左右。如果采用模拟流动床分离回收母液中的异麦芽酮糖醇，总收率可以达到 75%～80%。

四、异麦芽酮糖的应用

异麦芽酮糖具有良好的应用优越性：不会引起血糖和胰岛素上升；非致龋齿性，特别适合儿童食用；低热量适合高血压、高血脂、肥胖及害怕肥胖的人群食用；缓慢的水解和吸收速度，适合体育运动员食用；是一种优良的双歧杆菌增殖因子，适合大众人群。异麦芽酮糖因性质极似于蔗糖，又是一种天然糖类，凡使用蔗糖作为甜味剂的食品、饮料、冷冻食品等均可全部或部分用异麦芽酮糖。很多甜味剂食用过多会造成腹胀、肠鸣、腹泻等不适现象，因而 FAO/WHO 都规定其最大使用量，但人体对异麦芽酮糖的耐受量非常大，每日摄入 50 g 不会造成肠胃不适，因此经 FAO/WHO 联合食品添加剂专家委员会审查通过，对异麦芽酮糖的每日摄入量可不做规定。异麦芽酮糖醇代替蔗糖，所得的产品有极好的风味，它不仅能取代蔗糖的甜度，而且可以使生产的无糖甜品具有用可发酵性醣，如蔗糖、葡萄糖、果糖及高果糖浆（HFCS）生产的甜品一样的体积、口感与外观；可以增强食品中的香味，而并不产生某些代糖品那样的清凉感，使异麦芽酮糖醇成为糖果、巧克力、烘烤产品、与芳香产品的极好配料；可以增强食品中的香味，使其溶于口中，而不会产生某些代糖品的凉的感觉，成为一种很好的硬糖、烘烤食品和香味品的配料；感官特性很好，味道就像天然的纯蔗糖，虽然它甜度仅为蔗糖的一半，但甜味感觉相似；异麦芽酮糖醇可以与其他糖精混合，使其达到甜度要求，而不影响风味，这是许多其他甜味剂难以做到的；可以与任何调味品混合，从甘露醇、薄荷到水果。异麦芽酮糖醇的吸热值为 39.4 kJ/kg，比其他代糖品的清凉感要少，含有结晶异麦芽酮糖醇的产品，如巧克力、低煮沸的硬糖与胶姆糖等在口中并没有不愉快的清凉感。另外不会产生棕色反应，不会形成焦味。异麦芽酮糖醇可在卷烟中起到增香保润中的作用，在叶组和卷烟纸上添加异麦芽酮糖醇具有一定改善卷烟感官质量的效果，添加量为 1.5% 时，卷烟香气细腻、清晰、甜润，掩盖杂气，协调烟香。添加异麦芽酮糖醇对卷烟烟气常规化学指标影响小，在卷烟燃烧条件下异麦芽酮糖醇热裂解成分安全，其中有多种呋喃衍生物、醛酮类等烟草致香物质，在保证卷烟应用安全性的前提下，异麦芽酮糖醇能增加烟气致香成分含量，提高抽吸品质，起到增香保润效果，符合卷烟工业长远发展的要求。

● 思考题

简述以蔗糖为原料的异麦芽酮糖醇生产工艺流程。

第四节　蔗糖酯

蔗糖脂肪酸酯简称蔗糖酯（Sucroseester，SE），是由蔗糖的一个或多个羟基与脂肪酸或脂肪酸衍生物通过酯化、酰化及酯交换反应等制得的，是一种新型的多元醇型非离子型表面活性剂；除具有离子表面活性剂所具有的优良的表面活性外，它还具有良好的生物相容性、可生物降解性、无毒、对环境友好等优点。此外蔗糖酯非离子表面活性剂完全可来自可再生材料。蔗糖有8个游离的羟基，可以与多达8个以上的脂肪酸发生酯化，生成从单酯到八酯的酯化产品。通常商业蔗糖酯是根据反应的脂肪酸类型，以及脂肪酸单酯和多酯的混合组成来分类的，脂肪酸单酯和多酯的混合物具有0～16范围的亲水亲油平衡值，从而具有不同的亲水亲油性质，单酯含量越高，其亲水性越高。蔗糖酯具有独特的乳化性质，能适应任何温度的变化。蔗糖酯也被证明是无毒、可生物降解的表面活性剂，其在被小肠吸收或排便之前可以被酶催化水解为蔗糖和脂肪酸。

目前低取代度的蔗糖脂肪酸酯表面活性剂（通常是1～4脂肪酸链接到蔗糖上）作为一种非常温和的无毒的乳化剂而被广泛应用在食品、化妆品、医药、农用化学品或高分子材料中。而高取代的蔗糖酯（如酯化度在6～8的蔗糖聚酯）因其在代谢中不易被分解，不被小肠吸收，因而无热量产生，能降低人体对胆固醇的吸收，是众多脂肪替代品中比较优良的低热量油脂，已于1996年1月25日被美国食品与药物管理局FDA批准作为一种食品添加剂用作油炸食品（如炸薯条、炸薯片等）的脂肪替代品。

随着人们生活水平的提高，人们对食品的要求也越来越高，不仅要求食品具有良好的口感和风味，而且对食品储存的安全、无毒性越来越关注。而蔗糖酯作为生理活性物质，在乳化性和抗菌性方面的应用引起了科学界的广泛关注。

一、蔗糖酯的生产概况

广西云鹏工贸有限责任公司南宁市蔗糖酯厂生产蔗糖酯系列产品应用于食品消泡剂特别是甘蔗制糖、造纸过程消泡，广西高通食品科技有限公司目前拥有年产2 000 t蔗糖脂肪酸酯系列产品生产线，生产蔗糖脂肪酸酯HLB1—16系列产品。蔗糖酯属于非离子型表面活性剂，是一种白色至黄色的粉末，或无色至微黄色的黏稠液体或软固体，无味或略带油脂味。蔗糖脂肪酸酯产品通过了Halal清真、Kosher犹太认证，产品出口德国、韩国、新加坡、印度、马来西亚、巴西、西班牙等国家。

二、蔗糖酯的性质

蔗糖酯由亲水的蔗糖和亲油的脂肪酸组成，其糖残基含多个羟基和醚键结构（-O-），亲水性大大超过甘油为亲水基，脂肪酸基又对油表现出一定的亲和力为亲油基。因此它是双亲性物质，通过它可使脂肪与水得到紧密连接，从而形成稳定的乳化液。蔗糖单酯的结构式如图 5-1 所示，蔗糖酯的结构通式为（RCOO）$_n$C$_{12}$H$_{12}$O$_3$（OH）$_{8-n}$，根据蔗糖羟基的取代度，可获得很宽 HLB 值（2～16）的蔗糖酯系列产品。蔗糖酯由于成分不同，外观呈现白色至黄色的粉末，或无色至黄色的黏稠液体或软固体，无毒、无臭或稍有特殊的气味，有旋光性，易溶于乙醇、丙酮等有机溶剂。蔗糖酯的水溶性与酯化度、脂肪酸的链长和饱和度有关，一般随着单酯比例增加，脂肪酸链长度和饱和度减少其水溶性增加，而双酯和三酯含量高亲油性强，难溶于水。蔗糖酯软化点温度为 50～70 ℃，熔点温度 50～100 ℃，在 120 ℃以下稳定，在 145 ℃开始分解，蔗糖酯含有蔗糖基团，蔗糖在高温下会发生焦化，产生焦糖色素，使颜色变深。此外，蔗糖酯具有很好的乳化能力和表面活性，能降低表面张力，同时有良好的分散、增溶、润滑、渗透、起泡、黏度调节、防止老化、抗菌等性能。

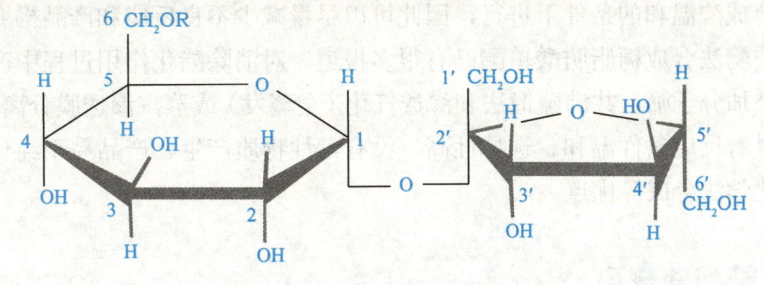

图 5-1 蔗糖单酯结构式

三、蔗糖酯的合成方法

最早的人工合成蔗糖酯是蔗糖八醋酸酯，是在 1865 年由 Schutzenberger 在实验室合成的。随着人们对蔗糖酯产品要求的提高，科学家们不断致力于研究各种合成蔗糖酯的新方法，不断地改进合成方法、合成原料、合成途径，筛选各种可能的催化剂。目前蔗糖酯的合成方法主要有溶剂法、无溶剂法、微乳化法和微生物法等。

（1）溶剂法。溶剂法最早是由 Snell 在 20 世纪 50 年代提出的，这是工业上普遍采用的方法。常用溶剂有二甲基甲酰胺（DMF）、二甲基亚砜（DMSO）、丙二醇和水等，常用碳酸钾作为催化剂。将蔗糖、脂肪酸甲酯和催化剂溶于所选定的溶剂中，在一定的温度、压力下进行酯交换反应，同时蒸馏除去副产物甲醇。该法条件比较温和可通过控制反应物料的配比，得到所需酯化度的蔗糖酯。但此法因所采用的溶剂有毒，溶剂在产品中会有残留不易除去，限制了其产品在食品级生活用品方面的应用。据报道，用该法生产的山梨聚糖酯和蔗糖酯因会少量有毒溶剂残留在产品中，因此在商业中的某些应用受到了限制,其纯化也比较困难且成本高。

(2) 无溶剂法。为解决溶剂法的弊端,人们提出了无溶剂法。在加热条件下,使反应物为熔融相,蔗糖与脂肪酸酯直接反应合成蔗糖多酯。由于反应是在高温下进行的,蔗糖基易发生焦化结块,传质阻力大。将蔗糖与多价阳离子皂(如镁皂、锌皂)共熔,在碱性条件下,用无溶剂法合成蔗糖酯,动力学监测剖面与在均一相中反应类似,快速初始生成单酯。在无溶剂法中使用新型催化剂合成蔗糖酯,对合成工艺进行改进,得出的产品在得率、单酯含量、游离糖和灰分含量等指标中均优于原有工艺,而且反应时间较短。

(3) 微乳化法。微乳化法是将无毒的丙二醇或水代替有毒的 DMF 和 DMSO 溶剂,加入乳化剂使反应体系形成近似均相体系的乳化液,又可称为丙二醇法和水溶剂法。

丙二醇法以丙二醇为溶剂,在碱性条件下,加入脂肪酸皂作为乳化剂,使反应在微乳化状态下进行酯交换,同时不断蒸出丙二醇溶剂进行回收。该法生产的产品无残留,可应用在食品中,工艺简单,蔗糖用量少,缺点是蔗糖会发生焦糖化,产生焦糖色素,使产品色泽加深。

(4) 微生物法。微生物法又称酶法,是指用具有生物活性的酶做催化剂来促进糖与脂肪酸及其衍生物进行反应生成糖酯。目前采用的催化酶大部分是从根霉、肠杆菌、曲霉、假单胞菌、色杆菌、念珠菌、黏液菌和青霉属等微生物中提取的脂肪酶。酶法合成可以在相对于化学合成法温和的条件下进行,因此可以尽量减少不良反应和产品褐变。近年来,在有机溶剂中酶法合成糖脂肪酸单酯已有很多报道,对消除酯化作用过程中产生的水有许多建议,如添加分子筛,共沸蒸馏法和渗透气化(全蒸发)或蒸汽渗透膜分离技术。总之,生物合成法具有反应条件温和、选择性高、没有毒性物质产生、产品易于纯化、得到的产品性能优于化学法合成等优点。

四、蔗糖酯的应用

蔗糖酯是目前全球唯一的商品化糖酯,其最大的应用领域是食品加工业。大多数食品乳液需添加乳化剂以防止乳液聚结、絮凝和分层。在表面活性剂中,非离子表面活性剂的乳化力最强,常被用作乳化剂。乳状液的稳定性,主要是由吸附在液滴表面的乳化剂或表面活性剂的性质决定。蔗糖酯有较宽的亲水-亲油平衡值(HLB)范围,既可作为水包油(O/W)型乳化剂;又可作为油包水(W/O)型乳化剂,因此蔗糖酯是优质高效的乳化剂,具有乳化油脂容量大、乳化稳定性和破乳化性优越、防止蛋白凝集和沉淀等作用。蔗糖酯具有优良的乳化性质,可广泛应用在食品、医药、生化、日用等方面。

(1) 在食品行业中应用。将蔗糖酯添加到饮料、烘焙产品、糖果类、乳制品及加工油脂等各类食品中,不仅能稳定的乳化效果,还能改良食品的口感,将蔗糖酯添加到牛奶咖啡、奶茶及植物蛋白饮料等中性或弱酸性含乳饮料中,其稳定效果更好,可以减少乳脂肪的结块、上浮及蛋白质沉淀等乳化问题。

(2) 在医药行业中应用。蔗糖酯可作为内服药的乳化剂促进分散均匀,使肠溶包衣在胃液中稳定,并在肠液中可完全溶解。

(3) 在塑料工业中的应用。蔗糖酯作为乳化剂在塑料工业中有着比较广泛的应用。

（4）在其他行业中的应用。在农业中蔗糖酯因其乳化性质可以用作农药的乳化剂；在日用化工中蔗糖酯能在皮肤表面形成一层多孔类脂膜，可防止皮肤干燥，增加皮肤的光润和滑嫩感，改善化妆品的水洗性能，特别适用于脸部、眼部化妆品乳化剂和乳化稳定剂；在生化方面，蔗糖酯还可作为血液替代品氟碳乳液的生化乳化剂。

（5）蔗糖酯的抑菌性及其应用。蔗糖脂肪酸酯是一种无毒、非皮肤刺激性、无臭、无味、能用可再生和低价的原料进行生产、可完全生物降解的新型抗菌活性蔗糖衍生物。蔗糖酯中的脂肪酸链作为疏水基赋予了蔗糖酯表面活性剂抗菌杀虫活性，如蔗糖酯具有杀虫作用和广谱抗菌活性。

在日本，普遍使用商业蔗糖酯作为罐装饮料的乳化稳定剂和抑制细菌孢子生成的抑菌剂。消费的食物中含有蜡样芽孢杆菌≥106/g，可能会导致食物中毒。蜡状芽孢杆菌会导致两种类型的食物外源性中毒，即呕吐的形式（引起呕吐）和腹泻的形式（引起腹泻）。蔗糖月桂酸单酯能有效抑制大肠杆菌、革兰氏阳性菌的生长，对酵母菌的生长无抑制作用。但蔗糖月桂酸单酯、蔗糖脂肪酸酯SP70（蔗糖硬脂酸）和PS750（蔗糖棕榈酸酯）对大肠杆菌无抑制作用。麦芽糖月桂酸单酯和蔗糖月桂酸单酯可有效抑制蜡状芽孢杆菌、凝结芽孢杆菌、枯草芽孢杆菌、嗜热芽孢杆菌、大肠杆菌和金黄色葡萄球菌的生长，两种糖酯的抑菌效果无明显差异。但所有糖酯对霉菌和酵母菌均无明显的抑制效果。

利用蔗糖酯的抑菌性能可用于容器装饮料的抑菌剂，防止罐装饮料的变败，日本三菱公司生产的RYOTO蔗糖酯系列产品中P-1670、P-570型对乳饮料中的耐热性芽孢的发芽、生育等具有很强的抑制作用，可有效地防止乳饮料的平酸性变质。

● 思考题

1. 蔗糖酯的水溶性与哪些因素有关？
2. 简述蔗糖酯的性能特性。
3. 蔗糖酯有哪几种合成方法？

第五节　山梨醇

山梨醇（Sorbitol）又称山梨糖醇或花秋醇，于1872年法国科学家Joseph Boussingault从山梨树果实的果汁中分离得到，由此得名。1958年由勃叶（Boye）等合成成功，是葡萄糖在催化剂存在的情况下加氢氢化，在葡萄糖1位的不饱和羰基还原，生成羟基，得到的一种六元醇。我国最早在1961年由大连油脂化工厂投入生产。

山梨醇在自然界中许多植物果实中存在，例如在梨中含量一般为1.10%～2.64%，在樱桃中含量为1.47%～21.3%。在哺乳动物和人体中，山梨醇存在于机体血液与储精囊中，是机体代谢的正常产物。山梨醇来源广泛，并且可以通过蔗糖、淀粉、葡萄糖、纤维素等可再生生物质制备，原料充足且价格低，在化石能源日益枯竭的现状下，具有极大的应用及研究价值。如今山梨醇被广泛应用于食品、药品、化工行业中，具有广泛的市场与应用前景，同时山梨醇也被用于生产生物燃料。

一、山梨醇的生产概况

广西南宁化学制药有限责任公司成立于1999年4月，拥有符合GMP要求的年产1 000 t药用结晶山梨醇、年产3 000 t食品级结晶山梨醇、年产5 000 t六元醇生产线各一条。利达（柳州）化工有限公司创建于1994年，是一家由印度尼西亚上市公司PT ANEKA KIMIA RAYA TBK独资经营管理的外商独资企业，主要产品为山梨醇，是国内山梨醇行业最大生产厂家。在初期两个厂家均以蔗糖为原料生产山梨醇，蔗糖价格上升后，改用淀粉糖为原料生产。

二、山梨醇的性质

山梨醇是一种无色、无味的结晶体，相对密度为1.49。山梨醇微溶于甲醇、乙醇和乙酸，易溶于水，并具有很大的吸湿性，其水溶液不易结晶析出，能螯合各种金属离子。因为其分子中没有还原性基团，所以在通常情况下化学性质稳定，不与酸、碱起作用，不易受空气氧化，也不易与可溶性氨基化合物发生美拉德反应。山梨醇对热的稳定性比糖要好得多，纯山梨醇加热到180 ℃，也不会变色，比葡萄糖要高得多。山梨醇对微生物的抵抗力也比葡萄糖高得多，不易发酵，一般浓度到60%以上不易受微生物作用。

山梨醇是一种口感良好的糖醇，甜度约为蔗糖的60%，热值为12.54 kJ/g，与蔗糖相近，可以作为糖尿病患者代糖品食用，无毒性。和其他糖醇一样，山梨醇在人的肠道吸收比较慢，所以一次性服用25～50 g，就容易引起急性腹泻。这种腹泻一般是一次性的，与细菌性腹泻完全不同。

山梨醇在小肠内可以被动缓慢吸收，吸收速度远低于葡萄糖和果糖。山梨醇吸收后，首先被山梨醇脱氢酶（SDH）转化为果糖，然后转化为果糖6-磷酸，最后通过糖酵解途径代谢。山梨醇代谢不受胰岛素调节，也不会导致血糖水平升高。根据血糖反应试验，山梨醇的血糖指数（GI）在10左右是超低的，属于低GI成分（小于50）。因此，它被用作糖尿病患者的蔗糖替代品。此外未被吸收的山梨醇可以通过渗透压刺激肠蠕动，从而有利尿和通便作用。通常摄入的糖会被口腔细菌在牙齿表面发酵产生酸，最终导致龋齿或蛀牙，但是山梨醇不会被口腔细菌发酵，因此被认为是非致龋的。

三、山梨醇的生产工艺

市场上山梨醇产品分为液体山梨醇和固体山梨醇两种。液体山梨醇的生产工艺是将葡萄糖的醛基，通过化学或发酵的方法，还原为羟基，就生成了山梨醇。从生产工艺上说，其生产方法有3种：第一种是氢化法，这是目前最常用的方法，通过葡萄糖直接加氢反应得到山梨醇；第二种是电解法，通过电解还原葡萄糖制得山梨醇；第三种是发酵法，通过微生物的作用将葡萄糖还原为山梨醇。由于种种原因，后两种方法仅处于实验室状态。氢化法具有明显的优越性，它成本低、工艺简单、适合于大规模工业生产、投资不大，是目前山梨醇生产的主流。催化加氢法制备出山梨醇催化剂是该技术的关键因素，传统工艺多使用 Ni 基催化剂如（Raney Ni），但是 Raney Ni 的稳定性欠佳，Ni 组分易流失。目前新型的环境友好催化剂有钌基催化剂和储氢合金催化剂，以及镍基和钌基非晶态催化剂。

生产山梨醇主要原料有葡萄糖和蔗糖，以蔗糖原料生产甘露醇时，蔗糖经过水解，得到 50% 果糖与 50% 的葡萄糖，经过加氢，得到约 25% 的甘露醇与 75% 的山梨醇。经过冷却结晶，可以得到 19% 左右的结晶甘露醇与 81% 左右的山梨醇液，这种母液山梨醇中含有 8%～12% 的甘露醇。

硬质结晶山梨醇的制造，以液体山梨醇为原料，主要有 3 种方法：挤压法、喷雾法、干晶混合法。

下面介绍用葡萄糖原料生产山梨醇，主要工艺包括 3 个工序。

第一工序：原料的处理。采用葡萄糖为原料时，一般包括化糖、离交处理、调节 pH 等工序。化糖浓度一般为 45%～52%，加氢前得 pH 调节为 7.5～8.0。如果结晶葡萄糖质量很好，可以不用离交处理但化糖用水最好用纯水（电导率低于 20 μS/cm）。如果用的是淀粉糖化液，或是结晶葡萄糖质量不够理想，为了保证加氢效果、延长催化剂寿命，最好对化糖后的葡萄糖液进行离交处理。如果葡萄糖质量比较差，含有大量蛋白或其他胶质，则在离交前最好还要进行活性碳脱色。

第二工序：加氢。加氢一般在一个高压加氢釜中进行，加氢有两种主要模式，一种是采用高压加氢釜间歇加氢，一种是采用连续加氢。我国目前主要为间歇加氢，间歇加氢釜的压力为 4.0～12.0 MPa，容积在 1～9 m^3。为保证加氢反应的质量，即保证加氢后的残糖低于要求的指标，在加氢基本完成后，要进行取样分析其残糖含量。一般控制在 0.1% 质量比以下，有时控制在 0.02% 以下就可以出料了。出料时为安全起见，要将料液温度降到 110 ℃ 以下，并且在吸氢后阶段，关掉进氢阀，釜内的氢气压力降至 2.0～4.0 MPa。开启出料阀，利用釜内的氢气高压，将釜内的糖液压出。

第三工序：加氢液的精制与浓缩。加氢后的料液一般含有少量废催化剂、调 pH 时加入的盐，以及由于高温高压造成的色素，必须经过精制与脱色。可以采用一般的脱色与离交方法进行精制。精制与脱色后的料液呈清亮透明状，可以用离交方法将 pH 控制在 5～7。为了进一步提高产品的质量，可以采用精细过滤的方法提高产品的透明度。如可以采用微滤过滤方法，除去少量蛋白质与胶体造成的浑浊。

精制后的糖液送往浓缩，可以采用鼓式蒸发器，也可以采用双效或三效的列管蒸发器。为提高质量，可以采用多效薄板换热蒸发器，将精制液浓缩到 70% 的浓度，即为液体山梨醇成品。

四、山梨醇的应用

山梨醇是一种典型的六元醇，具有多元醇的性质，可以被氧化、脂化、脱水，利用这些性质可以在医药、增塑剂、乳化剂、除垢剂、树脂、涂料、胶粘剂等部门中作为原材料生产不同产品。在医药工业中，山梨醇是生产维生素C的重要原料。山梨醇还能作为乙二醇、丙二醇和甘油（丙三醇）的代用品，广泛应用于食品、烟草、皮革、化妆品、造纸、纺织、塑料、橡胶等工业。

（1）脱水制备异山梨醇。异山梨醇是一种非常重要的工业化学品，异山梨醇一般是在强酸催化条件下由山梨醇发生脱水反应得到，由两个反位的呋喃稠环构成，是一种手性分子。异山梨醇被广泛应用于医药、化妆品、食品、化工等领域。在医药方面，异山梨醇应用于颅内降压、是治疗脑水肿、青光眼的优良药物；在化工领域，是将异山梨醇作为聚合物单体，用于改性聚醚、聚酯聚氨酯等高分子聚合物材料的改性。

（2）生产烷烃和氢气。随着传统化石燃料的日益紧缺，以可再生的生物质为原料生产清洁燃料是实现可持续发展的必然要求。山梨醇可以通过水相重整制备烷烃和氢气，山梨醇先通过酸性位催化剂脱水再利用加氢催化剂，如此反复最后得到己烷；如果在具有断碳链作用的催化剂作用下，则可生成氢气。采用山梨醇制备烷烃的工业报道较少，目前多数以实验研究为主，但该工艺路线是实现绿色可持续发展的重要手段，具有广阔的应用前景。

（3）在食品中的应用。由于山梨醇具有良好的风味，食用安全，热值低，糖尿病患者可以食用，所以近来广泛用于制造无糖糖果、无糖口香糖、巧克力、糕点等，据有关资料，在全世界无糖糖果中，80%以上是用山梨醇制造的。由于具有较低的热值和清凉的甜味，山梨醇被广泛用于无糖糖果、巧克力和饮料中。此外，山梨醇具有抗龋齿的特性，主要用于口香糖、牙膏和漱口水。它也是一种极好的保湿剂和抗结晶剂，可用于烘焙产品。此外，山梨醇可以降低冰点，这使得它适用于冰淇淋生产。在鱼糜和肉类加工中，山梨醇通常被用作保水剂、防冻剂和防冻剂。更重要的是山梨醇表现出低血糖反应，因此，它是糖尿病患者饮食中重要的蔗糖替代品。同时山梨醇是一种非离子型表面活性剂，具有优异的稳定和乳化作用。

（4）在医药中的应用。山梨醇主要用作药物的辅料，作为药品的一部分，山梨醇可以吸收周围的水分并修饰其结晶状态，不仅可以预防活性成分失活，还可以保持药品的稳定性。此外，山梨醇是生产左旋抗坏血酸（维生素C）的重要中间体；山梨醇是一种有效的泻药，因为它可以在大肠中吸水并刺激肠道运动；临床上山梨醇可以作为氨基酸大输液的平衡液，因为氨基酸大输液如果以葡萄糖为碳氮营养平衡液，葡萄糖含有不饱和羟基，高温灭菌时，会与氨基酸中的氨基发生褐变，破坏营养成分，而山梨醇不含有不饱和羟基，不存在此问题。

● 思考题

1. 简述山梨醇在食品中的应用。
2. 简述山梨醇的生产方法。

第六节 甘露醇

甘露醇（Mannitol）又称 D- 甘露糖醇，为六元醇，是山梨糖醇的同分异构体，是发现时间最早的一种性能优越的功能性糖醇，有 D 和 L 两种构型，L 型为合成品，自然界不存在，D 型广泛存于多种陆地和海洋植物中，如海带、海藻、橄榄、柿子树等，在一些藻类和真菌中也很丰富。

一、甘露醇的性质

甘露醇分子量为 182.17，与山梨醇为同分异构体，是一种不吸湿、无臭、白色或无色结晶粉末，密度 1.489，熔点 166～168 ℃，沸点 290～295 ℃（在 0.4～0.467 kPa），旋光度 +23～+24°，可溶于水，微溶于甲醇、乙醇，不溶于乙醚，具有令人愉快的甜味，其甜度为蔗糖的 55%～65%，热值低，能量仅为 1.6 kcal/g，为蔗糖的 40%，可用作糖尿病患者用食品、健美食品等低热值、低糖的甜味剂。

二、甘露糖的生产工艺

甘露醇的工业生产方法归纳起来有植物提取法、葡萄糖电化学还原法、糖类水解氢化法 3 种。

1. 海带提取法（属植物提取法）

在海带提取碘及海藻酸钠后的废水中提取甘露醇，约 10 t 海带可得 1 t 甘露醇。

（1）水重结晶法。海带提碘后的酸性废水，加碱中和，经蒸发、浓缩、冷却、沉降、过滤、浓缩、结晶、溶解、脱色、脱氯、精制，再经蒸发浓缩，冷却结晶、分离干燥而得甘露醇。

（2）电渗析脱盐法。为改革传统海带提取甘露醇工艺，采用整套膜集成技术提取甘露醇，由料液预处理、一级超滤净化、电渗析脱盐、反渗透浓缩和后处理几部分组成。

1）料液预处理：提碘后的海带浸泡水先后经过絮凝。
2）采用中空纤维内压、管式超滤膜组件，截留分子量 1 万～3 万道尔顿。
3）超滤后料液通过离子交换膜电渗析，进行一次脱盐。
4）将经脱盐和预处理过的料液，泵入反渗透系统进行预浓缩。

2. 葡萄糖电化学还原法

淀粉水解得葡萄糖后，将葡萄糖电解，再中和、蒸发、除盐、结晶、精制、干燥而得甘露醇，电解转化率为 98%～99.6%。

3. 糖类催化氢化法

（1）淀粉糖化异构法。随着淀粉糖化技术的进展和竞争力的提高，用淀粉糖化并异构化制取果葡糖浆，进一步用氢化还原成山梨醇和甘露醇，成为当前国内外公认的经济效益好的甘露醇生产技术路线，工艺流程如图 5-2 所示。

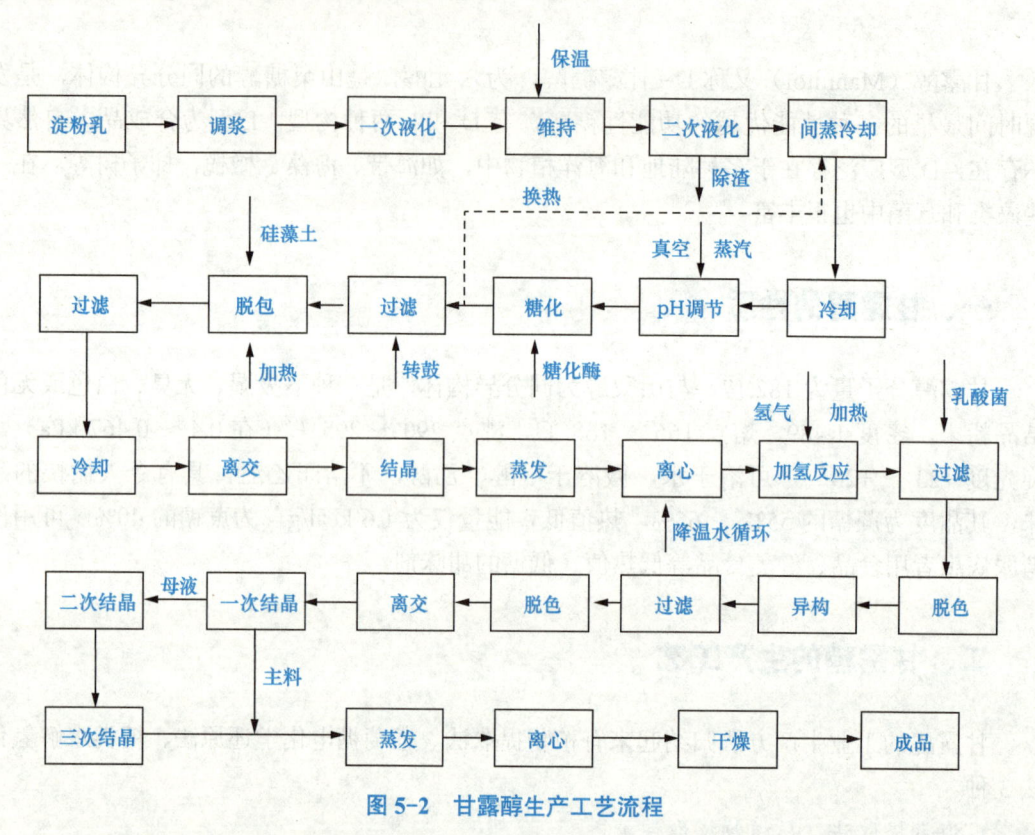

图 5-2 甘露醇生产工艺流程

（2）蔗糖（白砂糖）水解催化氢化法。蔗糖水解可获得葡萄糖果糖的混合物，早期我国粮价高，蔗糖价低，所以可利用蔗糖水解获得果糖，用果糖加氢制甘露醇，这曾为国内外流行的方法之一，法国某公司蔗糖水解主要工艺简介如下。

首先是水解，用净化水溶解精炼砂糖至浓度 58%，通过离子交换净化，将 pH 调至 4.5，将净化糖液通过固定化蔗糖水解酶的转化罐，在温度 60 ℃转化后糖液浓度因蔗糖加水分解成为葡萄糖和果糖，而增至 60%。然后是葡萄糖和果糖的色谱分离，分离柱装有钙型树脂，当葡萄糖和果糖混合溶液通过钙型树脂层时，因为两种糖对树脂的吸附特性不同，所以当洗脱时，首先出来的是葡萄糖液，然后是果糖液。用模拟流动床色谱分离得到葡萄糖液、果糖液。最后用糖液氢化制甘露醇。

（3）果糖催化氢化法。将淀粉水解为葡萄糖以后，在异构酶作用下，使葡萄糖异构成 42% 果葡糖浆。42% 果葡糖浆用模拟流动床进一步分离，可得含果糖在 90% 以上的高纯果糖浆，精制后按上述工艺进行催化氢化、结晶分离等过程，可得产率为 40% 左右的甘露醇，其余为山梨醇。1 t 甘露醇耗淀粉 3.5 t，副产山梨醇 1.5 t。

上述几种生产方法，其中葡萄糖电化学还原法电解能耗高，目前工业生产已停用。果糖浆催化还原法的甘露醇产率高，但因流程长、技术难度较大、成本高，故不宜推广采用。海带提取法作为综合利用，此法不会被淘汰，但由于海藻资源受制约，扩大产量有困难。蔗糖水解和淀粉糖化的原料来源丰富，相对流程较短，生产成本低，是今后发展甘露醇生产较有前景的方法，但这取决于蔗糖和淀粉的成本。

三、甘露醇的应用

（1）在医药中的应用。甘露醇在医药上是良好的利尿剂，降低颅内压、眼内压及治疗肾药、脱水药、食糖代用品，也用作药片的赋形剂及固体、液体的稀释剂。甘露醇注射液（Injectio Mannitou）作为高渗降压药，是临床抢救特别是脑部疾患抢救常用的一种药，具有降低颅内压药物所要求的降压快、疗效准确的特点。甘露醇进入体内后能提高血浆渗透压，使组织脱水，可降低颅内压和眼内压；从肾小球滤过后，不易被肾小球重吸收，使尿渗透压增高，带出大量水分而脱水；用于颅脑外伤、脑瘤、脑组织缺氧引起的水肿，大面积烧伤后引起的水肿，肾功能衰竭引起的腹水青光眼，并可防治早期急性肾功能不全。甘露醇在血管中，可以从体液中吸收水分，从而起到了扩张血管的作用；甘露醇对肾小管的主要作用在于抑制水分的重吸收，使原有的渗透压不能有效维持，从而使尿量增加，起到排毒与保护肾脏的作用；由于人的肠胃不易吸收甘露醇，所以它还是一种温和的轻泻剂，对于长期性的便秘有良好的治疗作用；甘露醇对胳蛋白磷酸肽延缓磷酸钙的沉淀有增强作用，帮助人体对钙的吸收。作为片剂用赋形剂，甘露醇无吸湿性、干燥快、化学稳定性好，而且具有爽口、造粒性好等特点，用于抗癌药、抗菌药、抗组胺药、维生素等大部分片剂。此外，也用于醒酒药、口中清凉剂等口嚼片剂。甘露醇因溶解时吸热、有甜味，使口腔有舒适感，故更广泛用于醒酒药、口中清凉剂等咀嚼片的制造，其颗粒型直接压片的赋形剂。

（2）在食品中的应用。甘露醇在糖及糖醇中的吸水性最小，并具有爽口的甜味，用于麦芽糖、口香糖、年糕等食品的防黏，以及用作一般糕点的防黏粉。经氢溴酸反应可制得二溴甘露糖醇，也可用作糖尿病患者用食品、健美食品等低热值、低糖的甜味剂。

（3）在工业生产中的应用。以甘露醇为起始剂加压而制成的聚甘露醇－氧化丙烯醚广泛应用于塑料行业中，以聚甘露醇－氧化丙烯醚为基的硬质聚氨酯泡沫塑料耐油性、耐热氧化性、尺寸稳定性均较好，耐热度更是高达 180 ℃。在精细化工行业中，由硬脂酸与甘露醇酯化反应制得硬脂酸甘露醇酯用途广泛，作为食品乳化剂、分散剂可广泛用于糕点、糖果、饮料等，同时也作涂料、纺织、日化及医药等工业的乳化剂和分散剂。此外甘露醇还用于制松香酸酯及人造甘油树脂、炸药、雷管（硝化甘露醇），在塑料工业中用作聚氯乙烯的增塑剂，在化妆品中作为保湿剂等。

（4）在其他领域中的应用。甘露醇是一种典型的多元醇，其羟基可以在一定条件下参与许多化学反应，生成许多有机化学品。在精细化工上，甘露醇可用于生产聚醚，作为制造耐高温泡沫塑料，用于保温与消防。甘露醇聚醚制造的泡沫塑料其品质优良，并可以耐温高达 180 ℃，这是其他多元醇生产的聚醚制造的泡沫塑料所无法比拟的，所以用于特殊管道保温时，必须要采取甘露醇聚醚。大功率的电解电容器，如大型铝电解用的电解电容器，其中的电解液中必须加入甘露醇，以降低电解液的饱和蒸汽压，抑制氧化膜的水合作用，提高电容器的高温稳定性和电解液的高低温特性。此外，甘露醇在日用化工、精细化工等化工领域也有广泛的应用。

> **思考题**
>
> 1. 简述蔗糖水解生产甘露醇主要生产工艺流程。
> 2. 简述山梨醇在医药食品的应用。

第七节　冰糖

冰糖（Rock Sugar）是砂糖经再溶、清净处理和重结晶而制得大颗粒结晶糖，由于其结晶如冰状，故名冰糖，有单晶体和多晶体两种，呈透明或半透明状。单晶体冰糖（Monocrystal Rock Sugar）指单一晶体的大颗粒（每粒质量 1.5～2.0 g）冰糖。多晶体冰糖（Multi-crystal Rocksugar）由多颗晶体并聚而成的大块冰糖，按色泽可分为白冰糖和黄冰糖两种。

一、冰糖的生产概况

柳州市柳冰食品厂创建于 2000 年，企业规模逐步扩大，从建厂初期年产量不到 14 t 到现在年生产 3 万吨，并在来宾市设立了分厂。柳冰牌冰糖热销全国各地，受到商家的追捧和消费者广泛的青睐，在广大的消费者中有良好知名度，企业通过 QS 生产许可认证、产品出口认证、HACCP 及 ISO 9001、ISO 2000 体系认证。

二、冰糖的分类

冰糖可以分为单晶冰糖和多晶冰糖。单晶冰糖纯度较高，糖粒均匀，从外表看光滑透明，洁白有光泽，单晶冰糖一般是十面或十二面的蔗糖单斜晶体，晶体间不相粘连，具有颗粒大小均匀、轮廓清晰、结晶组织严密、不易破碎、杂质少、质纯、味正、食用方便等优点。单晶冰糖是食糖深加工方向的一个主要品种，近几年随着食糖产品的消费升级，其市场需求量越来越大，单晶冰糖的生产厂家数量及规模也随之逐步扩大，多晶冰糖稍显粗糙，透明度和光泽度都要略低。

另一类冰糖产品是在传统多晶体冰糖生产过程中，通过添加一些具有保健功能的辅料成分，从而生产出的有养生功能的新型冰糖。比较常见的有梨汁冰糖、菊花冰糖、百合冰糖、绿茶冰糖等。其生产工艺的关键点在于以辅料的汁液、水煮液等代替冰糖生产过程中的水分，让它的有效成分和冰糖一起结晶。

三、冰糖生产工艺

（1）多晶冰糖生产工艺。多晶冰糖是用传统工艺生产而成的不规则晶体状冰糖，是以白砂糖为原料，经加水溶解、蒸发后逐步冷却结晶而成的，经敲碎干燥后即为成品，其生产周期约为11 d，余下的冰水和碎冰用来做糖粉或冰片糖。根据生产工艺的不同，又分为吊线法冰糖（成品分为冰柱和冰边，有棉线、纸片等杂质）和盆晶法冰糖（沿结晶盆结晶，成品较纯净）。多晶体冰糖的生产过程是将过饱和糖液控制在易变区内使其自然起晶，起晶后其浓度降低至中间介稳区，靠近已形成的晶核的蔗糖分子，不断地被晶核表面所吸引，沉积在晶体表面上，并按晶体形状整齐地、一层层地排列起来，晶体得以慢慢长大，养晶7～11 d后即可成品。

《冰糖》（GB/T 35883—2018）对多晶冰糖的感官要求：柱冰无砂心、底冰无砂底；白冰糖色白，呈半透明体，有光泽，表面干燥；黄冰糖色金黄，表面干燥。冰糖水溶液透明、不浑浊，味甜，无异味。标准中将白冰糖和黄冰糖都有优级和一级2个级别，理化指标分别见表5-3、表5-4。

表 5-3　白冰糖理化指标

项目		指标	
		优级	一级
蔗糖分 / [g·(100 g)$^{-1}$]	≥	98.3	97.8
还原糖分 / [g·(100 g)$^{-1}$]	≤	0.5	0.7
干燥失重 / [g·(100 g)$^{-1}$]	≤	1.00	1.40
电导灰分 / [g·(100 g)$^{-1}$]	≤	0.10	0.13
色值 /IU	≤	90	150
不溶于水杂质 / (mg·kg^{-1})	≤	40	60

表 5-4　黄冰糖理化指标

项目		指标	
		优级	一级
蔗糖分 / [g·(100 g)$^{-1}$]	≥	97.5	97.0
还原糖分 / [g·(100 g)$^{-1}$]	≤	0.85	0.95
干燥失重 / [g·(100 g)$^{-1}$]	≤	1.10	1.40
电导灰分 / [g·(100 g)$^{-1}$]	≤	0.15	0.17
色值 /IU	≤	200	200
不溶于水杂质 / (mg·kg^{-1})	≤	60	80

（2）单晶冰糖生产工艺。单晶冰糖是将白砂糖放入适量水加热溶解，过滤后输入结晶

罐，使糖液达到过饱和，投入晶种进行养晶，待晶粒养大后取出进行脱蜜及离心甩干，经通风干燥、过筛、分档后包装出厂。

《冰糖》（GB/T 35883—2018）对单晶冰糖的感官要求：颗粒均匀，晶面干燥、洁白、光滑，有光泽、呈半透明体，冰糖水溶液透明、不混浊，味甜，无异味。标准中将单晶冰糖分为优级、一级和二级3个等级。其理化指标见表5-5。

表 5-5 《冰糖》（GB/T 35883—2018）

项目		指标		
		优级	一级	二级
蔗糖分 /［g·(100 g)$^{-1}$］	≥	99.7	99.5	99.4
还原糖分 /［g·(100 g)$^{-1}$］	≤	0.04	0.08	0.12
干燥失重 /［g·(100 g)$^{-1}$］	≤	0.15	0.25	0.30
电导灰分 /［g·(100 g)$^{-1}$］	≤	0.02	0.04	0.06
色值 /IU	≤	30	70	80
不溶于水杂质 /(mg·kg^{-1})	≤	20	30	40

四、冰糖的应用

冰糖与白糖成分一致，但纯度更高，具有比白糖更好的口感，一般用于高级的糖果、饮料及风味小吃，以获得清爽的口感、风味最佳、稳定性良好的效果。冰糖除了是一种甜味剂，还有医用价值，中医认为冰糖味甘、性平，入肺、脾经，有补中益气、和胃润肺的功效；养阴生津，润肺止咳，对肺燥咳嗽、干咳无痰、咯痰带血都有很好的辅助治疗作用；用于治疗肺燥、肺虚、风寒劳累所致的咳喘、小儿疟疾、噤口痢、口疮、风火牙痛。冰糖还可用作药引，配伍不同的单方和食疗方：冰糖与四环素合服，可提高口服四环素的吸收；在冰糖的高渗、高糖环境下，对愈合不良切口有明显的加速作用。

● 思考题

1. 冰糖的分类有哪几种？
2. 简述多晶冰糖生产方法。

第八节　三氯蔗糖

三氯蔗糖是一种人造甜味剂，1976年由英国泰莱公司（Tate & Lyle）与伦敦大学共同研制并申请专利的一种新型甜味剂。三氯蔗糖是唯一以蔗糖为原料合成的功能性甜味剂，原始商标名称为Splenda，甜度约为蔗糖的600倍，口味纯正，没有异味或苦涩味，与蔗糖接近，这是其他甜味剂无法比拟的。安全性高，经过药理、毒理、生理、理化等严格试验证明三氯蔗糖对人是安全的，已被多个国家使用。人体不能代谢三氯蔗糖，其能量值为0，不会引起肥胖，可供糖尿病患者、心脑血管疾病患者及老年人使用，也可为健康人群使用，不会引起龋齿，对牙齿健康特别有利；具有很好的溶解性和稳定性，从酸性到中性都能使食品有甜味；对酸味和咸味有淡化效果；对涩味、苦味、酒味等不愉快的味道有掩盖效果；对辣味、奶味有增效作用，应用范围十分广泛。三氯蔗糖被美国、日本等30多个国家批准使用，使用的食品达400多种。

一、三氯蔗糖的生产概况

盐城捷康三氯蔗糖制造有限公司年产能4 000 t，金禾实业公司三氯蔗糖年产能3 000 t，实际可达到4 000 t，新和成、三和维信、科宏生物、广州清怡4家公司计划新建产能合计超过1万吨。2019年12月崇左市城市工业投资发展集团有限公司与深圳飞尚实业集团有限公司、盐城捷康三氯蔗糖制造有限公司进行捷康三氯蔗糖全产业链项目签约，项目落户中泰崇左产业园，建成后年产三氯蔗糖将达到3万吨以上，实现年产值100亿元以上，使崇左实现三氯蔗糖生产销售，甜味剂、半糖的研发和产业化。

二、三氯蔗糖的性质

三氯蔗糖属于蔗糖的衍生物，化学名称为4，1，6-三氯-4，1，6-三脱氧半乳型蔗糖，商品名为Splenda，分子式为$C_{12}H_{19}O_8C_{13}$，分子量为397.64，白色至灰白色，结晶性、非吸湿和自由流动的粉末，甜度很高，达到蔗糖的600倍左右。与糖精钠、阿斯巴甜相比较，三氯蔗糖的口味更"纯正"，没有异味，没有其他甜味剂带来的不愉快后味。其在20 ℃时水中溶解度为28.29 g/100 mL，而在乙醇中溶解度为10 g/100 mL，相比其他甜味剂，三氯蔗糖可被应用于酒精饮料中，其脂溶性相对较差，在乙酸乙酯和脂肪中接近不溶。三氯蔗糖稳定性高，不仅耐高温，而且在较宽的pH范围内稳定性高。

三、三氯蔗糖主要合成方法

三氯蔗糖的合成方法有全基团保护法、单基团保护法、酶-化学联合法及其他合成方法。

（1）全基团保护法。全基团保护法是最早的三氯蔗糖合成法，是只有4-、1′-、6′-羟基暴露，而2-、3-、6-、3′-、4′-位羟基均被保护的蔗糖衍生物以合成三氯蔗糖。Hough等率先提出全基团保护法并取得14.6%的总收率。全基团保护法由于在氯代前对其余羟基进行了全保护，其产物纯度高，反应条件温和，同时对设备要求低且实验操作简单，但合成路线太过复杂，至少5步才能完成反应。

（2）单基团保护法。单基团保护法是仅将蔗糖的6-位羟基选择性酰化，紧接着氯代和脱酰基合成三氯蔗糖的方法，因为单基团保护法仅保护6-羟基，三步即可完成合成，与全基团保护法相比大大简化了合成步骤和操作过程。按照所用酰化试剂的种类，单基团保护法可以分为乙酸酐法、原乙酸三甲酯法、有机锡法和其他方法。单基团保护法中的乙酸酐法和原乙酸三甲酯法仍存在一定缺陷，但有机锡法合成步骤少，有机锡可回收再利用，是目前最适宜于工业化的合成方法。

（3）酶–化学联合法。酶–化学联合法是利用酶的区域选择性催化合成三氯蔗糖的方法。糖分子的酯化实际上是糖分子和酰基供体间的酯交换，对糖分子具有酰化选择性的酶主要为脂肪酶和蛋白酶等。其中蛋白酶如来自枯草杆菌的枯草杆菌蛋白酶，脂肪酶如Lipozyme TLIM、Lipozyme TL 100L和假丝酵母脂肪酶，它们的酰化机理均类似。根据反应原料的类型，酶–化学联合法可分为3种类型，即葡萄糖法、蔗糖法和棉籽糖法。酶法的高选择性在一定程度上解决了传统的化学法合成三氯蔗糖需进一步纯化的问题。蔗糖法由于其环保和高选择性而被认为是未来最有潜力的合成法。与单基团保护法和全基团保护法等化学法相比，酶–化学联合法具有反应条件温和、高选择性、环保且无须消耗大量化学试剂等优势。

（4）其他合成方法。2011年由Hao提出一种新的、无须基团保护的方法，将蔗糖直接与亚硫酰氯反应生成4,6,1′,6′-四氯-4,6,1′,6′-四脱氧半乳蔗糖，转化率超过94%，接着氯代的蔗糖与乙酸钠反应得三氯蔗糖-6-乙酯，最后在甲醇/甲醇钠体系中脱酰基生成三氯蔗糖，总收率36%或更高。这一过程具有成本低、收率较高、步骤少和反应条件温和等特点，但酰化步骤选择性低，造成分离和纯化困难，其工业化是否可行仍是个问题。

单基团保护法特别是有机锡法，其机理研究透彻，工艺条件也比较成熟，就目前而言，是最适合工业化的合成方法。

四、三氯蔗糖的应用

三氯蔗糖在1997年7月1日被我国政府批准使用，根据国家和计划生育委员会颁发的《食品安全国家标准食品添加剂使用标准》（GB 2760—2014）的规定，三氯蔗糖可用于酱菜、复合调味料、配制酒、饮料、冰激凌、冰棍、糕点、水果罐头、饼干和面包等。

三氯蔗糖显示出口感非常类似蔗糖但没有任何余味，完全或部分替代蔗糖来减少热量的摄入，既可作为单独的甜味剂使用，也可和其他甜味剂配合使用。由于三氯蔗糖显著的热稳定性，晶体储存一年不发生变化，可以耐受高温，在某种程度上有抑菌作用，三氯蔗糖对光、热、pH均很稳定，所以在复杂的食品加工中能够保持稳定，因此三氯蔗糖广泛应用于碳酸软饮料、静止饮料、水果罐头、奶制品、糕点、烘焙食品、果冻、布丁和果酱等食品中，加上原料丰富及价格低，方便储存，易于生产使用和流通管理，其在食品范围的应用在不断扩大。

三氯蔗糖无异味，无毒副作用，在人身体中不参与代谢，是肥胖症、心血管病和糖尿病患者理想的甜味替代品。三氯蔗糖由于其自身结构的特殊性，具有一定的抗菌与防霉效果，可减少使用防腐剂，对于消费者的饮食安全有重要意义。三氯蔗糖也被用于药物方面，适量的三氯蔗糖复配到中药里，淡化甚至掩盖中药的苦涩味，使大众易于接受。同时也可以作为药物开发研究的原料，对其稍加修饰，使之转变成具有生物活性的物质。

● 思考题

1. 简述三氯蔗糖的性质。
2. 三氯蔗糖的合成方法有哪几种？
3. 简述三氯蔗糖在食品的应用。

第九节　阿洛酮糖

D-阿洛酮糖是一种稀有糖，是在自然界存在但含量极少的一类单糖及其衍生物，具有低热量、低吸收等特点，并且具有多种生理功能，在膳食、保健、医药等领域发挥着重要作用，D-阿洛酮糖不但可以抑制肿瘤和保护肝脏，而且还可以作为合成医药的中间体。同时 D-阿洛酮糖还拥有改善肠道菌群、降血糖、防龋齿等功能，由于具有独特的生理功能，成为近年来稀有糖研究的热点。

一、D-阿洛酮糖的生产概况

目前国内主要实现量产阿洛酮糖的企业有保龄宝产能 7 000 吨 / 年、3 万吨 / 年在建，百龙创园产能 2 000 吨 / 年、1.5 万吨 / 年在建，三元生物产能 2 万吨 / 年在建，福洋生物产能 2 万吨 / 年在建，河南中大恒生物产能 5 000 吨 / 年在建。2021 年 8 月国家卫健委已受理 D-阿洛酮糖作为新食品原料的申请，我国阿洛酮糖食品级应用有望通过审批。随着越来越多国家地区获批，阿洛酮糖市场将保持快速增长，前景广阔。

二、D-阿洛酮糖的性质

D-阿洛酮糖（D-核糖-2-己酮糖或 D-psicose），分子式为 $C_6H_{12}O_6$，分子量为 180.16，白色粉末状晶体，无臭且不易吸潮，熔点为 109 ℃，极易溶于水，在 25 ℃时水中的溶解度为 291 g，溶于甲醇、乙醇，基本不溶于丙酮，比旋光度为 D25+4.7°（c=4.3），甜度为蔗糖的 1.2 倍，但能量仅有蔗糖能量的 0.3%，且口感与蔗糖接近，因此可以作为蔗糖的理想替代品。

阿洛酮糖具有优越的生理功能，D-阿洛酮糖的吸收率低于其他甜味剂（尤其是 D-葡萄糖），通过竞争性抑制摄入和外排的转运蛋白，可以降低膳食中 D-葡萄糖和 D-果糖的吸收，预防肥胖症；降低血糖，预防Ⅱ型糖尿病；降低血脂；通过抑制促炎细胞因子起到抗炎症的作用；对 ROS 的清除作用；活性氧清除能力；通过抑制单核细胞 MCP-1 蛋白的表达治疗动脉粥样硬化。

三、D-阿洛酮糖生产方法

化学法制备 D-阿洛酮糖由于产物纯化步骤复杂、化学污染严重和副产物杂多等原因，尚未取得突破性进展；生物转化方法：己酮糖 3-差向异构酶催化 D-果糖 3 位 C 异构化生成 D-阿洛酮糖，反应单一、纯化步骤简单等优点受到了广泛的关注。目前生物酶催化法逐渐取代化学合成法成为生产 D-阿洛酮糖的主要方式。

韩国希杰第一制糖株式会社、日本松谷集团和英国泰莱公司是目前全球生产 D-阿洛酮糖的 3 大厂家，主要利用生物合成法，通过改良的工程菌株生产 D-阿洛酮糖 3-差向异构酶催化 D-果糖转化为 D-阿洛酮糖，并已投入生产。2015 年 7 月，韩国希杰第一制糖株式会社成功筛选出高效的 D-阿洛酮糖 3-差向异构酶，利用该酶催化果糖生产 D-阿洛酮糖，总转化率可达 85%。

四、D-阿洛酮糖的应用

（1）食品方面应用。D-阿洛酮糖拥有改善肠道菌群、低热量和基本不被肠道里的微生物发酵等特性，这些特性使得 D-阿洛酮糖在作为新型甜味剂时占有很大优势，D-阿洛酮糖是一种有效的蔗糖替代品。在充气食品中添加 D-阿洛酮糖可以增强蛋清蛋白的起泡功能，并随着搅拌时间的增加而提高；在蛋糕中替代部分蔗糖，通过美拉德反应产生大量的抗氧化成分而改善蛋糕品质，具有较高的抗氧化功能和突出的胶凝性，从而减少食品在后期加工和储存过程中的营养损失。在日本和韩国已经实现了 D-阿洛酮糖的工业生产。2012 年日本松谷化学工业株式会社在全国发售添加有 13%～15% 比例的 D-阿洛酮糖、阿洛糖 3 种以上的稀少糖糖浆产品（Rare-sugar sweet，简称 RSS），受到消费者欢迎。

（2）医药方面应用。D-阿洛酮糖能够抑制脂肪合成、提高脂肪分解速度、降低脂肪积累，被认为具有抵抗肥胖的潜力；抑制血浆中的葡萄糖浓度，具有降血糖的功效，并且没有副作用。由于 D-阿洛酮糖具有上述良好的生理功能，在治疗肥胖症、糖尿病、高血脂、动脉粥样硬化、保护神经、抗炎等的临床应用中具有潜在的药物应用潜力。另外，D-阿洛酮糖是一些重要的己糖的合成前体，在合成 D-阿洛糖、D-蒜糖醇、D-塔罗糖醇、D-塔格糖和 D-阿卓糖的过程起到关键作用。

思考题

1. 简述阿洛酮糖的生理功能。
2. 简述阿洛酮糖在食品医药的应用。

第十节 果糖

果糖是人类最早认识的糖,在蜂蜜中的含量最为丰富。由于这种糖在水果中的含量比较丰富,所以称为果糖。尽管果糖是自然界中风味最好、甜度最高,又大量存在的天然营养甜味剂,但由于绝大多数情况下它都与葡萄糖同时存在,而果糖与葡萄糖的分离一直是一个难题,所以直到 20 世纪 70 年代,纯果糖还是一种珍品。

由于果糖具有优越的代谢特征与甜味特征,所以美国从 20 世纪 50 年代就开始研究以其代替蔗糖与葡萄糖用于人类的营养甜味剂。直到 20 世纪 70 年代后期,由于突破了葡萄糖异构酶技术与模拟流动床分离二项重大技术,果糖的生产才得到迅速发展。用玉米原料生产的高果糖浆与结晶果糖,其量已经超过蔗糖,广泛用于各种饮料与食品。美国是世界上最大的玉米生产国,年产玉米 2.5 亿吨,美国玉米出口量占世界绝大部分。同时美国又是一个蔗糖进口国。为充分利用国内的玉米,减少蔗糖进口,美国在 20 世纪 60 年代,开发了第一代果葡糖浆,其含果糖为 42%,含葡萄糖约为 50%,其余为低聚糖。第一代果葡糖浆的甜度略低于蔗糖,在饮料与食品中可以大量代替蔗糖,获得成功。到 70 年代,由于模拟流动床技术的发展,又进一步开发了第二代果葡糖浆与第三代果葡糖浆,将糖浆中的果糖含量分别提高到 55% 与 90%,又称高果糖浆与高纯果糖,其甜度相当于蔗糖的 1.1~1.5 倍。第二代果葡糖浆克服了第一代糖浆甜度不足、运输过程中容易结晶的缺点;第三代果葡糖浆更由于其果糖含量高于 90%,可以克服因含有葡萄糖而对胰岛素分泌的刺激,可以供患糖尿病及胰岛素分泌失常的患者服用。

一、果糖生产概况

2021 年 8 月,南宁糖业和广西富之林生物科技有限公司签署合资协议,携手打造结晶果糖项目,充分利用南宁糖业所属伶俐糖厂具有药用辅料白砂糖生产线的生产资质和广西富之林公司拥有结晶果糖生产的关键技术及自主知识产权、市场渠道的优势,实现优势互补。

二、果糖的性质

果糖是己酮糖,其分子式为 $C_6H_{12}O_6$,分子量为 180,纯结晶果糖的相对密度为 1.60(20 ℃),熔点为 103~105 ℃。在水溶液中果糖主要以吡喃形式存在,同时也有呋喃形式,还有少量开环结构,呈动态平衡。果糖在水溶液中存在两种呋喃环异构体,即 α 与 β 两种结构,在溶液中按一定比例形成平衡。

纯净的结晶果糖呈三棱形结晶,它能使偏振光左旋,在水溶液中有变旋光现象,有一定的吸湿性强,吸湿后呈黏稠状。果糖的吸湿性十分强,所以它是最难结晶的糖类之一,很难在水溶液中结晶,过去都需在特殊溶剂中结晶。结晶果糖在 pH=3.3 时最稳定,其热稳定性比葡萄糖与蔗糖低，它具有还原性，能与可溶性氨基化合物发生美拉德褐变（成脒反应）。

三、果糖的生产

根据生产原料的不同，果糖的生产技术方法主要有以蔗糖为原料的果糖生产方法、以菊粉为原料的果糖生产方法、以淀粉为原料的果糖生产方法。以蔗糖为原料生产果糖，主要是在酸或蔗糖酶的作用下将蔗糖转化为葡萄糖和果糖，再将果糖和葡萄糖分离，果糖液精制，果糖结晶。果糖、葡萄糖的有效分离方法有硼酸盐分离、氧化葡萄糖酸钙分离、液－液萃取分离、参数泵分离、离子交换树脂分离、色谱分离、化学分离、冷却结晶分离、模拟移动床吸附分离。在这些分离方法中，模拟移动床吸附分离技术占主导地位，目前广泛应用在工业化生产中。

四、果糖的代谢特点

果糖的人体中的代谢途径，是从肠胃道开始吸收，主要通过被动扩散形式吸收，进入肠的上皮细胞。它的吸收速度比蔗糖和葡萄糖慢，吸收后，主要在肝脏中，很快进入代谢过程。它进入肝细胞内及随后的磷酸化作用与胰岛素无关。它在肝中被二磷酸果糖酶分解产生丙糖，丙糖可发生葡萄糖异生作用来合成甘油三酯，也可以进入糖酵解途径。这些丙糖的最终利用情况，取决于各自的代谢情况。果糖代谢途径如图 5-3 所示。

在正常的人体和良好管理的糖尿病患者的机体中，糖原异生作用占统治地位，只有数量很少的果糖会转化葡萄糖。这部分葡萄糖最终释放到血液中时，需要胰岛素。然而，这种转化和释放作用是在低血糖水平时才发生，它不会导致饭后血浆中葡萄糖浓度的迅速提高，就是说，不会导致血糖的迅速提高。有实验证明，人体食入含 50 g 果糖、20 g 脂肪与 20 g 蛋白质的液态食品后胰岛素水平和血糖值变化幅度很小。

表 5-6 所示为摄取与葡萄糖等量的各种碳水化合物后，对血糖影响的指数。

表 5-6 摄入葡萄糖与其他糖后，血糖指数的变化

糖类或食品	血糖指数
葡萄糖	100
蔗糖	59±10
果糖	20±5
麦芽糖	105±12
苹果	39±3
葡萄干	64±11
白面包	69±5

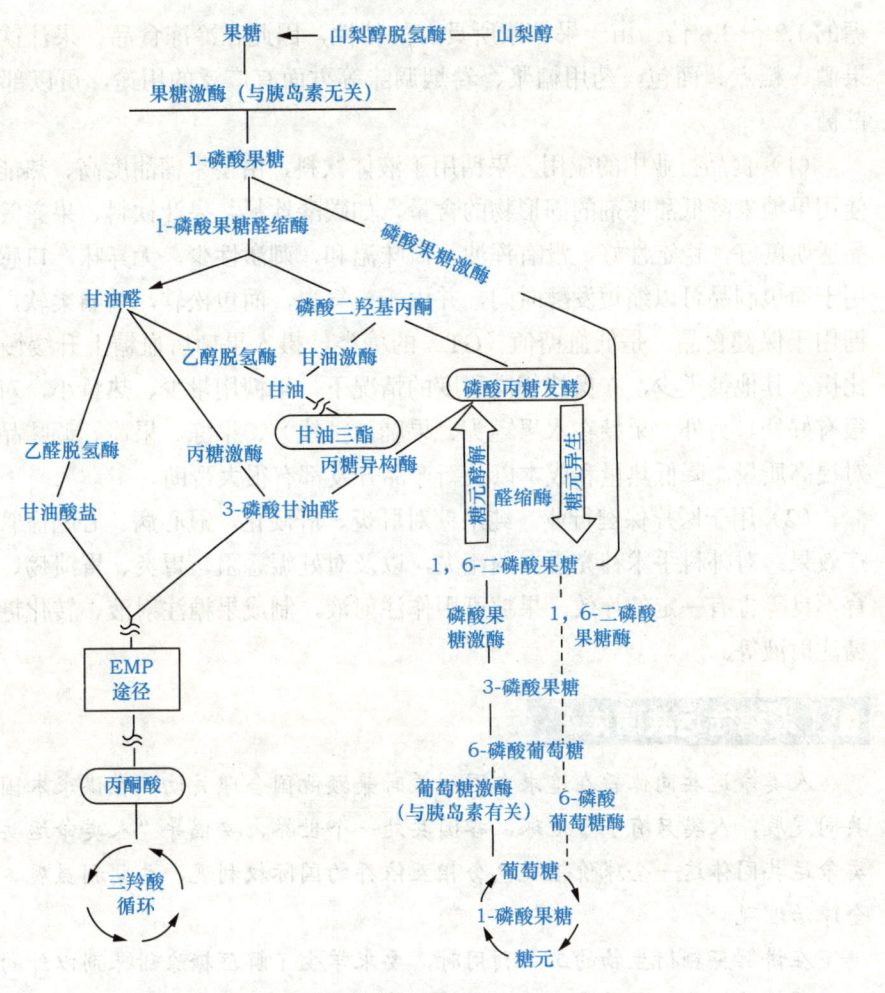

图 5-3　在人体肝脏中果糖的代谢途径

由表 5-6 可见，服用果糖后，血清中的葡萄糖与胰岛素的反应明显减弱，证明了果糖可以是糖尿病患者或胰岛素分泌失常人群的适用甜味剂。果糖的这种代谢特征，使得其具有重要营养价值。正因为如此，糖尿病专家与食品工艺学专家一致认为，果糖是适于糖尿病患者的较好的甜味剂。

在目前适合糖尿病患者服用的甜味剂中，山梨醇是其中一个，由于其价格比较低，使用方便，在许多膳食中已经作为代糖品。山梨醇进入人体后，通过山梨醇脱氢酶的作用，很快转化为果糖，其代谢途径与果糖基本相似。但山梨醇甜度只有果糖的三分之一，而且山梨醇只要一次服用超过 30 g，就会引起渗透性腹泻现象。与此相比，果糖使用的优越性就要高得多。

高纯果糖与结晶果糖的发展，将为各种患有胰岛素分泌失常的患者，包括肥胖病人，提供口感良好的食品，作为糖尿病患者的辅助治疗剂，起到重要作用。

五、果糖的应用

果糖区别于其他碳水化合物型甜味剂的最大特点在于它的甜度大。果糖相对甜度是蔗糖的 1.2～1.8 倍。由于果糖浆所具有的特性，因此在冷冻食品、果汁饮料、碳酸饮料、果酒、糕点、面包、药用糖浆、卷烟调味等方面有广泛的用途，可以部分或全部地代替蔗糖。

（1）食品行业中的应用。果糖用于液体饮料，由于果糖甜度高、热能低，液体饮品常使用果糖来降低甜味剂的固形物的含量，如碳酸饮料、果汁饮料、果露等。应用果糖的产品透明度好，稳定性好，没有浑浊，风味温和，刺激性少，无异味，口感更加清新。果糖用于面包制品可以缩短发酵时间，并由于产气多，面包松软，嘴嚼柔软，略有湿润感。果糖用于保健食品，是低血糖值（GT）的糖类，摄入果糖后血糖上升缓慢，需要的胰岛素比摄入其他糖类少，在保持相同甜度的情况下，果糖用量少、热量小，对Ⅱ型糖尿病患者很有好处。另外，果糖在水果罐头、果脯（蜜饯）、果冻、果酱、调味品和糖果等产品中对提高质量、降低热量和成本以及新产品开发都有很大帮助。

（2）用于医疗保健行业。纯果糖对肝炎、肝硬化、冠心病、心脑血管病等有良好的医疗效果；对外科手术补充蛋白的流失，以及对妊娠恶阻、胃炎、胃溃疡、皮肤病、小儿发育不良等也有一定的疗效。果糖可用作注射液，制成果糖注射液、转化糖注射液、甘油果糖注射液等。

【人类命运共同体】

人类命运共同体旨在追求本国利益时兼顾他国合理关切，在谋求本国发展中促进各国共同发展，人类只有一个地球，各国共处一个世界，要倡导"人类命运共同体"意识，人类命运共同体这一全球价值观包含相互依存的国际权利观、共同利益观、可持续发展观和全球治理观。

在讲解蔗糖衍生物的工业利用时，要求学生了解蔗糖除甜味剂以外的用途、蔗糖作为化工原料的评价、蔗糖作为化工原料的策略，掌握蔗糖制功能性低聚糖的生产方法及其主要功能。同时要求学生明确，蔗糖衍生物最为常见的产品就是蔗果低聚糖，而蔗果低聚糖作为双歧因子，能促进肠道菌落的增殖，有益于人体健康，在此引出肠道菌落和人和谐共生的关系，在此又引申到人类就像肠道菌落，而地球就好比人体，都为命运共同体，最后让同学们明晰人类命运共同体的概念和含义。

思考题

1. 简述果糖和葡萄糖的分离纯化方法。
2. 简述果糖的代谢特点。
3. 简述以蔗糖为原料的果糖生产方法。

参 考 文 献

[1] Faghfoori Z, Pourghassem Gargari B, Saber A, et al. Prophylactic effects of secretion metabolites of dairy lactobacilli through downregulation of ErbB-2 and ErbB-3 genes on colon cancer cells [J]. European Journal of Cancer Prevention, 2020, 29 (03): 201-209.

[2] Vandenplas Y, Zakharova I, Dmitrieva Y. Oligosaccharides in infant formula: more evidence to validate the role of prebiotics [J]. British Journal of Nutrition, 2015, 113 (09): 1339-1344.

[3] Micciche A C, Foley S L, Pavlidis H O, et al. A Review of Prebiotics Against Salmonella in Poultry: Current and Future Potential for Microbiome Research Applications [J]. Frontiers in Veterinary Science, 2018 (5): 191-201.

[4] Csernus B, Levente Czeglédi. Physiological, antimicrobial, intestine morphological, and immunological effects of fructooligosaccharides in pigs [J]. Archives Animal Breeding, 2020, 63 (02): 325-335.

[5] Nie Q, Chen H, Hu J, et al. Effects of Nondigestible Oligosaccharides on Obesity [J]. Annual review of food science and technology, 2020 (11): 205-233.

[6] Rivero-Urgell M, Santamaria-Orleans A. Oligosaccharides: application in infant food [J]. Early Human Development, 2001, 65 (supp-S2): S43-S52.

[7] Maki Y. Semisynthesis of Complex-type Triantennary Oligosaccharides from a Biantennary Oligosaccharide Isolated from Hen Egg Yolk [J]. Trends in Glycoscience & Glycotechnology, 2018, 30 (171): J1-J6.

[8] Tian F, Karboune S, Hill A. Synthesis of fructooligosaccharides and oligolevans by the combined use of levansucrase and endo-inulinase in one-step bi-enzymatic system [J]. Innovative Food Science & Emerging Technologies, 2014, 22 (04): 230-238.

[9] Silva M, Rigo D, Mossi V, et al. Enzymatic synthesis of fructooligosaccharides by inulinases from Aspergillus niger and Kluyveromyces marxianus NRRL Y-7571 in aqueous-organic medium [J]. Food Chemistry, 2013, 138 (01): 148-153.

[10] Kawee-ai, Arthitaya, Ritthibut, et al. Optimization of simultaneously enzymatic fructo- and inulo-oligosaccharide production using co-substrates of sucrose and inulin from Jerusalem artichoke [J]. Preparative Biochemistry & Biotechnology An International Journal for Rapid Communication, 2018, 48 (02): 194-201.

[11] Fitremann J, Queneau Y, Maitre J P, et al. Co-melting of solid sucrose and

multivalent cation soaps for solvent-free synthesis of sucrose esters [J]. Tetrahedron Letters, 2007, 48 (23): 4111-4114.

[12] Mitsubishi-Kagaku Foods Corporation. Ryoto_Sugar Ester TechnicalInformation [M]. Tokyo: Mitsubishi-Kagaku Foods Corporation, 2003.

[13] Garti N, Clement V, Leser M, et al. Sucrose Ester Microemulsions [J]. Journal of Molecular Liquids, 1999 (80): 253-296.

[14] Muller A S, Gagnaire J, Queneau Y, et al. Winsor behaviour of sucrose fatty acid esters: choice of the cosurfactant and effect of the surfactant composition [J]. Colloids and Surfaces A: Physicochemical and Engineering Aspects, 2002, 203 (01-03): 55-66.

[15] Shigeoka T, Izawa O, Kitazawa K, et al. Studies on the metabolic fate of sucrose esters in rats [J]. Food Chem Toxicol, 1984 (22): 409-414.

[16] Noker P E, Lin T H, Hill D L, et al. Metabolism of 14C-labelled sucrose esters of stearic acid in rats [J]. Food Chem Toxicol, 1997 (35): 589-595.

[17] Drummond C, Fong C, Krodkiewksa I, et al. Sugar fatty acid esters [J]. In Novel Surfactants, Surfactant Science Series, 2003 (114): 73-87.

[18] Nelen B A P, Cooper J M. Emulsifiers in Food Technology [M]. Hoboken: John Wiley & Sons, Ltd, 2004.

[19] Nakamura, S. In Industrial Applications of Surfactants IV [M]. Cambridge: Royal Society of Chemistry Press, 1999.

[20] Marti-Mestres G. Pharmaceutical emulsions and suspension [M]. Leiden: CRC Press/Balkema, 2000.

[21] 王利宾,李文林,何江,等. 蔗糖多酯的合成及分析研究进展 [J]. 中国油脂, 2009, 34 (06): 39-43.

[22] Prince D M, Welschenbach M A. Olestra: a new food additive [J]. Journal of the American Dietetic Association, 1998, 98 (05): 565-569.

[23] 赵静,柴成文,李文军.蔗糖酯合成与分析[J].中国科技论文在线,2010,5(03): 206-211.

[24] 胡鹏,胡健华. 蔗糖酯的研究进展 [J]. 武汉食品工业学院学报, 1998, (02): 17-22.

[25] 张百胜,张心田. 蔗糖酯的特性及在食品中的应用 [J]. 农产品加工(学刊), 2006, (05): 76-77.

[26] Fiechter A. Biosurfactants: moving towards industrial application [J]. Trends in Biotechnology, 1992, 10 (06): 208-217.

[27] Hill K, Rhode O. Sugar-based surfactants for consumer products and technical applications [J]. Lipid/Fett, 1999, 101 (1): 25-33.

[28] Fitremann J, Queneau Y, Maitre J P, et al. Co-melting of solid sucrose and multivalent cation soaps for solvent-free synthesis of sucrose esters [J].

Tetrahedron Letters, 2007, 48 (23): 4111-4114.

[29] 陈永富, 袁长贵, 施邑屏. 蔗糖酯合成工艺改进的研究 [J]. 浙江化工, 2007, 38 (07): 10-11.

[30] 孙果宋, 杨宏权, 李德昌, 等. 丙二醇法合成蔗糖脂肪酸酯工业性实验 [J]. 精细化工, 2007, 24 (05): 454-456+465.

[31] 高江波. 糖脂肪酸酯的合成工艺研究 [D]. 长春: 吉林大学, 2008.

[32] 万会达, 夏咏梅. 酶催化区域选择性合成蔗糖酯的研究进展[J]. 日用化学工业, 2010, 40 (01): 48-53.

[33] Ferrer M, Soliveri J, Plou F J, et al. Synthesis of sugar esters in solvent mixtures by lipases from Thermomyces lanuginosus and Candida antarctica B, and their antimicrobial propertie [J]. Enzyme and Microbial Technology, 200, 36 (04): 391-398.

[34] Khaled N, Montet D, Farines M, et al. Synthesis of sugar mono-esters by biocatalysis [J]. Oleagineux, 1992, 47 (04): 181-190.

[35] Fregapane G, Sarney D B, Vulfson E N. ChemInform Abstract: Facile Chemo Enzymatic Synthesis of Monosaccharide Fatty Acid Esters [J]. ChemInform, 2010, 26 (15): 9-18.

[36] Cao L, Fischer A, Bornscheuer U T, et al. Lipase-Catalyzed Solid Phase Synthesis of Sugar Fatty Acid Esters [J]. Biocatalysis, 1999, 14 (04) 269-283.

[37] Arcos J A, Bernabé M, Otero C. Quantitative enzymatic production of 1, 6-diacyl fructofuranoses [J]. Enzyme & Microbial Technology, 1998, 22 (01): 27-35.

[38] Chamouleau F, Coulon D, Girardin M, et al. Influence of water activity and water content on sugar esters lipase-catalyzed synthesis in organic media [J]. Journal of Molecular Catalysis B Enzymatic, 2001, 11 (04-06): 949-954.

[39] Flores M V, Naraghi K, Engasser J M, et al. Influence of glucose solubility and dissolution rate on the kinetics of lipase catalyzed synthesis of glucose laurate in 2-methyl 2-butanol [J]. Biotechnology & Bioengineering, 2010, 78 (07): 815-821.

[40] Sekeroglu G, Fadiloglu S, Ibanoglu E, et al. Production and characterisation of enzymatically produced lauric acid esters of fructose [J]. Optics communications, 2002, 82 (13), 1516-1522.

[41] Tarahomjoo S, Alemzadeh I. Surfactant production by an enzymatic method [J]. Enzyme & Microbial Technology, 2003, 33 (01): 33-37.

[42] Yan Y, Bornscheuer U T, Cao L, et al. Lipase catalyzed solid-phase synthesis of sugar fatty esters: Removal of by-products by azeotropic distillation [J]. Enzyme & Microbial Technology, 1999, 25 (8-9): 725-728.

[43] Yan Y, Bornscheuer U T, Stadler G, et al. Production of sugar fatty acid estrs by enzymatic esterification in a stirred-tank membrane reactor: Optimization of parameters by response surface methodology [J]. Journal of the American Oil Chemists Society, 2001, 78 (02): 147-153.

[44] Tsitsimpikou C, Daflos H, Kolisis F N. Comparative studies on the sugar esters synthesis catalysed by Candida antarctica and Candida rugosa lipases in hexane [J]. 1997, 3 (01-04): 189-192.

[45] Coulon D, Girardin M, Ghoul M. Enzymic synthesis of fructose monooleate in a reduced pressure pilot scale reactor using various acyl donors [J]. Process Biochemistry, 1999, 34 (09): 913-918.

[46] Sakaki K, Aoyama A, Nakane T, et al. Enzymatic synthesis of sugar esters in organic solvent coupled with pervaporation [J]. Desalination, 2006, 193 (01-03): 260-266.

[47] Soultani S, Engasser J M, Ghoul M. Effect of acyl donor chain length and sugar/acyl donor molar ratio on enzymatic synthesis of fatty acid fructose esters [J]. Journal of Molecular Catalysis B Enzymatic, 2001, 11 (04-06): 725-731.

[48] 李延科. 糖基表面活性剂蔗糖酯的研究 [D]. 大连：大连理工大学, 2004.

[49] 金英姿, 庞彩霞. 蔗糖脂肪酸酯的合成及应用[J]. 中国甜菜糖业, 2005, (03): 28-31.

[50] 陈雪. 蔗糖脂肪酸酯的合成与性能 [D]. 无锡：江南大学, 2009.

[51] Akoh C C. Emulsification properties of polyesters and sucrose ester blends I: Carbohydrate fatty acid polyesters [J]. Journal of the American Oil Chemists' Society, 1992, 69 (01): 9-13.

[52] Akoh C C, Nwosu C V. Emulsification properties of polyesters and sucrose ester blends II: Alkyl glycoside polyesters [J]. Journal of the American Oil Chemists Society, 1992, 69 (01): 14-19.

[53] 刘巧瑜. 麦芽糖月桂酸单酯的酶法选择性合成 [D]. 无锡：江南大学, 2008.

[54] 赵衡. 蔗糖脂肪酸酯在含乳饮料中的乳化及抑菌作用 [J]. 中国食品工业, 2007, 35 (07): 60-61.

[55] 谢苒黉, 杨晓波, 陶佳丽. 乳化剂对戚风蛋糕品质的影响研究 [J]. 食品工业, 2010, 31 (01): 34-36.

[56] Garofalakis G, Murray B S, Sarney D B. Surface Activity and Critical Aggregation Concentration of Pure Sugar Esters with Different Sugar Headgroups [J]. Journal of Colloid & Interface Science, 2000, 229 (02): 391-398.

[57] Goloub T, Pugh R J. The role of the surfactant head group in the emulsification process: Single surfactant systems [J]. Journal of Colloid & Interface Science, 2003, 257 (02): 337-343.

[58] Parker, Jack. Brock biology of microorganisms [M]. Upper Saddle River: Prentice Hall, 1997.

[59] Kato A, Arima K. Inhibitory effect of sucrose ester of lauric acid on the growth of Escherichia coli [J]. Biochemical and biophysical research communications, 1971, 42 (04): 596-601.

[60] Conley A J, Kabara J J. Antimicrobial Action of Esters of Polyhydric Alcohols [J]. Antimicrobial Agents & Chemotherapy, 1973, 4 (05): 501-506.

[61] Hathcox A K, Beuchat L R, et al. Inhibitory effects of sucrose fatty acid esters, alone and in combination with ethylenediaminetetraacetic acid and other organic acids, on viability of Escherichia coliO157: H7 [J]. Food Microbiology, 1996, 13 (03): 213-225.

[62] Ferrer M, Soliveri J, Plou F J, et al. Synthesis of sugar esters in solvent mixtures by lipases from Thermomyces lanuginosus and Candida antarctica B, and their antimicrobial properties [J]. Enzyme and Microbial Technology, 2005, 36 (04): 391-398.

[63] Shrivastava S, Bera T, Roy A, et al. Characterization of enhanced antibacterial effects of novel silver nanoparticles [J]. Nanotechnology, 2007, 18 (22): 225103.

[64] Huang N M, Lim H N, Radiman S, et al. Sucrose ester micellar-mediated synthesis of Ag nanoparticles and the antibacterial properties [J]. Colloids & Surfaces A Physicochemical & Engineering Aspects, 2010, 353 (01): 69-76.

[65] 金树人. 糖醇生产技术与应用 [M]. 北京: 中国轻工业出版社, 2008.

[66] Fang T, Cai Y, Yang Q, et al. Analysis of sorbitol content variation in wild and cultivated apples [J]. Journal of the Science of Food and Agriculture, 2020, 100 (01): 139-144.

[67] Reisha, Rafeek, Christine, et al. Xylitol and sorbitol effects on the microbiome of saliva and plaque [J]. Journal of Oral Microbiology, 2019, 11 (01) :135681.

[68] Zhang J, Li J B, Wu S B, et al. Advances in the Catalytic Production and Utilization of Sorbitol [J]. Industrial & Engineering Chemistry Research, 2013, 52 (34): 11799-11815.

[69] Sheet B S, Artk N, Ayed M A, et al. Some alternative sweeteners (xylitol, sorbitol, sucralose and stevia): Review [J]. Karaelmas Science and Engineering Journal, 2014, 4 (01): 63-70.

[70] Dey S S, Dora K C. Suitability of chitosan as cryoprotectant on croaker fish(Johnius gangeticus) surimi during frozen storage [J]. Journal of Food Science and Technology-Mysore-, 2011, 48 (06): 699-705.

[71] Silveira M M, Jonas R. biotechnological production of sorbitol [J]. Applied Microbiology & Biotechnology, 2002, 59 (04-05): 400-408.

［72］ Sheng Q, Wu X, Jiang Y, et al. Highly efficient biosynthesis of l-ornithine from mannitol by using recombinant Corynebacterium glutamicum ［J］. Bioresource technology, 2021（327）: 124799.

［73］ Bolchi C, Appiani R, Roda G, et al. Efficient conversion of d-mannitol into 1, 2: 5, 6-diacetonide with Aquivion-H as a recyclable catalyst ［J］. Carbohydrate Research, 2020, 499（24）: 108229.

［74］ Koko M Y F, Mu W, Hassanin H A M, et al. Archaeal Hyperthermostable Mannitol Dehydrogenases: A promising Industrial Enzymes for d-Mannitol Synthesis ［J］. Food Research International, 2020（137）: 109638.

［75］ Jerry N, Daniel V V, Boopalan P R, et al. Intravenous Mannitol reduces intracompartmental pressure following tibia fractures: A randomized controlled trial ［J］. 中华创伤杂志: 英文版, 2021, 24（02）: 4.

［76］ Wu H T, Li T H, Tsai H M, et al. Formulation of inhalable beclomethasone dipropionate-mannitol composite particles through low-temperature supercritical assisted atomization ［J］. Journal of Supercritical Fluids The, 2021（168）: 105095.

［77］ Wang J, Ren Y, Zhou L J, et al. Glycerol Infusion Versus Mannitol for Cerebral Edema: a Systematic Review and Meta-Analysis ［J］. Clinical Therapeutics, 2021, 43（3）: 637-649.

［78］ Su Y, Liu Y, Chen Z, et al. Comparison of equiosmolar doses of 10% hypertonic saline and 20% mannitol for controlling intracranial hypertention in patients with large hemispheric infarction ［J］. Clinical Neurology and Neurosurgery, 2020, 200: 106359.

［79］ Salehi H, Karde V, Hajmohammadi H, et al. Understanding Flow Properties of Mannitol Powder at a Range of Temperature and Humidity ［J］. International Journal of Pharmaceutics, 2021（596）: 120244.

［80］ Wei J, Du H, Zhang H, et al. Mannitol and erythritol reduce the ethanol yield during Chinese Baijiu production ［J］. International Journal of Food Microbiology, 2021（337）: 108933.

［81］ Thakral S, Sonje J, Suryanarayanan R. Anomalous behavior of mannitol hemihydrate: Implications on sucrose crystallization in colyophilized systems ［J］. International Journal of Pharmaceutics, 2020（587）: 119629.

［82］ Hertel N, Birk G, Scherlie R. Performance tuning of particle engineered mannitol in dry powder inhalation formulations ［J］. International Journal of Pharmaceutics, 2020（586）: 119592.

［83］ Gholamhosseinpour A, Varidi M J, Elahi M, et al. Evaluation of Traditional Production Process of Rock Candy and Optimization of Sucrose Crystallization （Part 1）［J］. American-Eurasian Journal of Agricultural and Environmental

Sciences, 2008, 3 (01): 72-75.

[84] 贺湘, 罗慧明, 姚志敏. 单晶冰糖出糖方案探讨[J]. 甘蔗糖业, 2019, (04): 47-52.

[85] 许斯欣, 陈维钧, 林福兰. 甘蔗制糖原理与技术: 第四分册——蔗糖结晶与成糖[M]. 北京: 中国轻工业出版社, 2000.

[86] 王淼, 张桂英. 离子交换技术提高冰糖析出率的研究[J]. 山东轻工业学院学报(自然科学版), 1994, 8 (01): 46-50.

[87] 曾强, 庞江洪. 冰糖结晶率的研究[J]. 湘潭大学自然科学学报, 1991, 13 (02): 114-116.

[88] 何树珍, 于淑娟. 振荡多晶体冰糖结晶工艺研究[J]. 中国甜菜糖业, 2011, (03): 5-7+22.

[89] 李文, 李凯, 杭方学, 等. 多晶体冰糖生产技术[J]. 中国调味品, 2014, 39 (11): 79-81+99.

[90] 谷正艳. 三氯蔗糖合成工艺的开发研究[D]. 天津: 天津大学, 2014.

[91] 王延芳. 三氯蔗糖的绿色合成开发研究[D]. 南京: 东南大学, 2018.

[92] 冯再平, 巩慧玲, 袁慧君, 等. 稀有糖D-阿洛酮糖性质及生物法生产研究进展[J]. 食品与发酵工业, 2015, 41 (06): 227-233.

[93] 林清泉, 刘有才, 李丽峰, 等. 稀有糖的制备及应用最新进展[J]. 食品与发酵工业, 2013, 39 (06): 146-151.

[94] Zhang W, Yu S, Zhang T, et al. Recent advances in D-allulose: physiological functionalities, applications, and biological production [J]. Trends in Food Science & Technology, 2016 (54): 127-137.

[95] 黄维来. D-阿洛酮糖对大鼠血糖调节以及脂代谢的影响[D]. 无锡: 江南大学, 2016.

[96] 邓莉川, 丁子元, 王小艳, 等. D-阿洛酮糖的功能特性及其应用进展[J]. 当代化工, 2018, 47 (05): 995-998.

[97] Hossain M A, Kitagaki S, Nakano D, et al. Rare sugar D-psicose improves insulin sensitivity and glucose tolerance in type 2 diabetes Otsuka Long-Evans Tokushima Fatty (OLETF) rats [J]. Biochem Biophys Res Commun, 2011, 405 (01): 7-12.

[98] Han Y, Han H J, Kim A H, et al. D-Allulose supplementation normalized the body weight and fat-pad mass in diet-induced obese mice via the regulation of lipid metabolism under isocaloric fed condition [J]. Molecular Nutrition & Food Research, 2016, 60 (07): 1695-1706.

[99] Kim S E, Kim S J, Kim H J, et al. D-Psicose, a sugar substitute, suppresses body fat deposition by altering networks of inflammatory response and lipid metabolism in C57BL/6J-ob/ob, mice [J]. Journal of Functional Foods, 2017 (28): 265-274.

[100] Kimura T, Kanasaki A, Hayashi N, et al. Tomonori Kimura Akane Kanasaki Noriko Hayashi Takako Yamada Tetsuo Iida Yasuo Nagata Kazuhiro Okuma. d-Allulose enhances postprandial fat oxidation in healthy humans [J]. Nutrition, 2017 (43/44): 16-20.

[101] A A H, A F Y, B T M, et al. Rare sugar d-allulose: Potential role and therapeutic monitoring in maintaining obesity and type 2 diabetes mellitus [J]. Pharmacology & Therapeutics, 2015 (155): 49-59.

[102] Nakamure Teruhiko, Kondo Koji, Koide Katsumoto, et al. Skin function improving composition containing D-psicose as active ingredient: WO, 2017026541 [P]. 2017-02-16.

[103] Sun Y, Hayakawa S, Ogawa M, et al. Evaluation of the site specific proteingly cation and antioxidant capacity of rare sugar-protein/peptide conjugates [J]. J Ag ric Food Chem, 2005, 53 (26): 10205-10212.

[104] 沐万孟, 张涛, 江波, 等. D-塔格糖3-差向异构酶家族蛋白的研究进展 [J]. 食品与发酵工业, 2007, 33 (09): 127-131.

[105] Chen Z, Zhang W, Zhang T, et al. Advances in the enzymatic production of l-hexoses [J]. Applied Microbiology and Biotechnology, 2016, 100 (16): 6971-6979.

[106] 方志杰, 李松, 程杰, 等. 一种由糖酸内酯出发合成稀有己酮糖和庚酮糖的方法: CN200910031931.7 [P]. CN101817851A [2024-01-30].

[107] Zhang W, Zhang Y, Huang J, et al. Thermostability Improvement of the d-Allulose 3-Epimerase from Dorea sp: CAG317 by Site-Directed Mutagenesis at the Interface Region [J]. Journal of agricultural and food chemistry, 2018, 66 (22): 5593-5601.

[108] Izumori K. Izumoring: A strategy for bioproduction of all hexoses [J]. Journal of Biotechnology, 2006, 124 (04): 717-722.

[109] Choi J G, Ju Y H, Yeom S J, et al. Improvement in the Thermostability of D-Psicose 3-Epimerase from Agrobacterium tumefaciens by Random and Site-Directed Mutagenesis [J]. Applied and Environmental Microbiology, 2011, 77 (20): 7316-7320.

[110] Park C S, Park C S, Shin K C, et al. Production of d-psicose from d-fructose by whole recombinant cells with high-level expression of d-psicose 3-epimerase from Agrobacterium tumefaciens [J]. Journal of Bioscience & Bioengineering, 2016, 121 (02): 186-190.

[111] 张龙涛, 沐万孟, 江波, 等. 生物转化生成D-阿洛酮糖的类球红细菌的筛选 [J]. 食品与发酵工业, 2008, 34 (09): 40-43.

[112] Oh D K, Kim N H, Kim H J, et al. D-Psicose production from d-fructose using an isolated strain: Sinorhizobium sp [J]. World Journal of Microbiology

and Biotechnology, 2007, 23 (04): 559-563.

[113] 吕彦茹. D-阿洛酮糖产生菌的筛选及其发酵条件的优化[D]. 南宁: 广西大学, 2012.

[114] 李秋喜, 林春芳, 沐万孟, 等. 海藻酸钠固定细胞产 D-阿洛酮糖的研究[J]. 食品工业科技, 2015, 36 (07): 172-176.

[115] Chen J, Zhu Y, Fu G, et al. High-level intra- and extra-cellular production of d-psicose 3-epimerase via a modified xylose-inducible expression system in Bacillus subtilis [J]. Journal of Industrial Microbiology & Biotechnology, 2016, 43 (11): 1577-1591.

[116] 孙帆, 宿玲恰, 张康, 等. D-阿洛酮糖 3-差向异构酶在枯草芽孢杆菌中的高效表达及固定化细胞研究[J]. 中国生物工程杂志, 2018, 38 (07): 83-88.

[117] 周雪艳. 结晶果糖的关键生产技术研究[D]. 石家庄: 河北科技大学, 2012.

[118] 杨瑞金, 潘允鸿, 王文生, 等. 化学法分离果糖和葡萄糖[J]. 冷饮与速冻食品工业, 1997, (03): 28-31.

[119] 保国裕, 蓝艳华. 高值化产品: 蔗糖制结晶果糖方法探讨[J]. 甘蔗糖业, 2015, (02): 49-53.

[120] 黄立新, 余业棠. 酸水解蔗糖生产转化糖的研究[J]. 食品科学, 2003, 24 (03): 24-26.

[121] 徐姗姗. 高纯度结晶果糖制备技术的研究[D]. 重庆: 西南大学, 2007.

[122] Yi T, Li-Xin S, Wei L I, et al. An Investigation of the Property of the Complex Carrier for Separating Fructose from Fructose-glucose Syrup [J]. Chemical Research in Chinese Universities, 2000, 21 (05): 825-827.

[123] 聂圣才. 顺序式模拟移动床技术制备结晶果糖的研究[D]. 济南: 齐鲁工业大学, 2012.

[124] 杨瑞金, 潘允鸿, 王文生. 果糖液的结晶性能研究[J]. 无锡轻工大学学报, 1996, 15 (02): 115-118.

[125] 李闯, 王超, 胡雪芹, 等. D-果糖的酶法制备及其结晶条件的研究[J]. 安徽农业科学, 2015, 43 (12): 3-5+18.

[126] 闫序东. 果糖结晶工艺研究[D]. 无锡: 江南大学, 2008.

[127] 胡瑞云, 沈石妍, 王智能, 等. 甘蔗色素多酚提取工艺研究[J]. 中国糖料, 2019, 41 (03): 35-39.

[128] 余小娜, 盛淑玲. 转化糖浆制备工艺研究[J]. 许昌学院学报, 2016, 35 (02): 107-111.

[129] 黎锡流, 曾利容. 甘蔗糖厂综合利用[M]. 北京: 中国轻工业出版社, 1998.